# 서해랑길 인문 기행

서해 바닷가 길에서 만난
우리 역사 이야기

# 서해랑길
# 인문 기행

신정일 지음

상상출판

프롤로그

# 해남 땅끝에서 강화평화전망대에 이르는 서해랑길을 걸었다.

내가 이 나라 이 땅을 걷기 시작한 것은 여러 가지 내 개인적인 상황도 있었다. 하지만 더 절실했던 것은 길지 않은 생에, 더 늦기 전에 내가 살고 있는 이 나라의 속살들을 더 깊이, 더 넓게 자세히 보고 싶은 열망 때문이었다.

어떻게 이 땅을 볼 것인가? 천천히 걸으면서 보자. 옛말에 주마간산走馬看山이라는 말이 있었다. '말을 타고 달리며 산천을 구경한다'는 말로 자세히 살펴보지 않고 대충 보고 지나감을 이르는 말이다. 그런데 말이나 노새가 교통수단이던 옛날이 아닌 현재는 어떤가? 주마간산도 아니고 주차간산이 되었다. 차를 타면서 휙휙 스치고 지나가는 풍경에서 무엇을 볼 수 있을 것인가?

그래서 이 나라의 산과 강(한강, 낙동강, 금강, 섬진강, 영산강 등), 조선시대의 옛길(영남대로, 삼남대로, 관동대로), 한국의 바닷길(해파랑길, 서해랑길, 남파랑길), 한국의 섬과 분단 조국의 상처로 남아 있는 휴전선을 놓치지 않고 걷기 위해 도보 답사를 시작한 것이다.

5천 년 유구한 역사가 서려 있는 이 나라 곳곳을 걸으면서 만나는 모든 사물들이 또 다른 의미를 지니고 있다. 풀 한 포기, 돌멩이 하나, 나무 한 그루가 다 온전히 새로운 형태로 다가오기 때문에 나라 사랑, 국토 사랑의 첩경이 걷기다. 특히 옛사람들이 걸었던 조선 시대 옛길과 우리 역사의 흥망성쇠를 지켜본 강 길은 수많은 이야기를 간직한 채 나의 발길을 기다리고 있었다.

내가 처음 걷기를 시작했던 몇십 년 전만 해도 주마간산이 아닌 주차간산에 길들어져서 그런지 걷는 것을 잊어버린 사람들이 많이 있었다.

2003년 삼남대로를 걸을 때 의왕시에서 생긴 일이다. 울창하게 우거진 아파트 숲 때문에 길이 애매해서 버스정류장 앞에서 토큰을 파는 아저씨에게 오전초등학교로 가는 길을 묻자, "그렇게 먼 거리를 걸어가요? 차 타고 가야지요"라고 했다. 진짜 먼 길인가 싶어서 물었다.

"거리가 얼마나 되지요?"

"시내버스로 두 정거장이나 되는데요."

내가 해남에서 의왕까지 걸어왔고 남태령 넘어 서울까지 걸어간다고 하면 놀라 자빠질 것 같아서 그 말을 할 수도 없고, 그저 할 말을 잃을 뿐이었다. 하기야 아파트에서 슈퍼마켓에 갈 때도 차를 타고 가는 세상이 아닌가? 신호등 두 번만 건너면 되는 거리를 꼭 차를 타고 가야 한다는 공식은 언제부터 만들어졌고, 『국어사전』에 먼 거리가 '시내버스로 두 정거장'이라는 말은 언제부터 실렸는지.

너무 바쁘게 살기도 했지만, 너무 걷는 것을 등한시하다가 보니 걷는 것을 잊기도 하고 일면 두려워하기 때문이리라. 그래서 그런지 장거리 도보 답사 길에 내가 사람들에게 가장 많이 받았던 질문은 다음의 몇 가지다.

'어디를 가는 사람들인가, 진짜 그 길을 걸어갈 것인가, 밥은 어디서 먹고 잠은 어디에서 자는가.'

그리고 또 다른 질문은 돈에 대한 이야기다.

관동대로를 걸을 때의 일이다. 원주를 지나서 모 사업소에 근무하는 사람에게 옛길을 묻자 다 사라져 버렸단다. 그러면서 우리에게 하는 말이 "뭐 하려고 걸어가요, 돈 주지 않으면 하지 말아요." 뭣을 하건 돈을 주어야, 아니 세경(머슴의 연봉)을 받아야 하는 머슴 근성을 가졌다면 누가 새로운 것을 창조하고 누가 새로운 길을 가겠는가?

'등잔 밑이 어둡다.' '낫 놓고 기역 자도 모른다.'

오랫동안 전해져 온 우리네 속담이다. 이 말과 같이 대부분의 사람들은 자기 지역에 대해서는 모른다. '지금 없는 것을 그리워하는 법'이라고 노래한 에밀리 디킨슨의 시구절과 같이 자기 지역을 볼 생각도 하지 않고, 다른 지역, 외국 여행에만 관심이 있다.

> 우리는 지척에 있는 것이었다면 별다른 관심도 기울이지 않을 듯한 것을 보기 위해서 먼 길을 여행하고, 바다를 건너간다. 그것은 우리가 가까운 것에는 무관심하고, 멀리 있는 것을 찾는 속성이 있기 때문이거나 혹은 간단히 달성되는 욕구에는 금방 흥미를 잃어버리기 때문이다. 또 아니면 가려고 생각하면 언제든 보러 갈 수 있다고 생각되는 것은 뒤로 미루기 때문이다. 이유가 무엇이든, 우리의 도시나 그 주변에는 보기는커녕 들은 적조차 없는 명소들이 많이 산재해 있다. 하지만 만일 그러한 명소가 그리스나 이집트, 아시아 등에 있다고 한다면 (…) 우리는 그에 관해 모두 귀동냥을 하고, 모든 것을 읽고, 그곳에서 볼 수 있을 곳을 모두 보러 다녔을 것이다.

소 플리니우스가 기원전 2세기 초에 남긴 글이다.

해남 땅끝에서 시작되어 태안의 안흥곶을 지나 강화도의 강화평화전망대까지 걸어가는 서해랑길은 103개 코스에 1,804km에 이르는 길고도 긴 길이다. 해파랑길을 걷고, 2014년에 지금은 서해랑길로 명명된 서해 바닷가 길을 걸으면서 매 순간 힘들기도 했지만 행복했었기에 늦게나마 이 책을 바친다. 더불어 그 여정에 함께 걸은 우리땅걷기 도반들과 책에 쓰인 사진들을 제공해주신 김종우 선생님께 고마움을 전한다.

바다에 가면 산이 그립고 산에 가면 바다가 그립다는 옛사람들의 말과 같이 집에 있으면 떠나고 싶고, 떠나서는 집을 그리워하는 이러한 나날이 언제까지 지속될 것인지 알 수 없다.

천천히 걷자, 에디 캔터도 말했지 않은가?

"천천히 삶을 즐겨라. 너무 빨리 달리면 경치만 놓치는 것이 아니다. 왜 가는지도 놓치게 된다."

걷고 또 걷다가 보니 서해랑길의 끝 강화평화전망대에 이르렀고, 나는 푸르게 펼쳐진 바다를 보며 말했다.

"언젠가 푸른 바다를 건너, 황해도 땅에 닿고, 장산곶매를 지나 진남포에 닿고, 신의주 지나고 압록강을 건너 중국 대륙에 닿을 것이다"라고.

2024년 6월 11일

한반도의 땅끝에서 서해랑길이 시작되다.

신정일

목차

## 3장 ◦ 서해랑길 세 번째 구간



## 4장 ◦ 서해랑길 네 번째 구간

1장

# 서해랑길
# 첫 번째 구간

# 강화로 가기 위해 서해랑길의 시작, 해남 땅끝에 서다

땅끝이라 부르는 토말에 섰다. 대한민국 국토의 끝, 해남에서 강화평화전망대까지 이어진 서해랑길을 한 걸음 한 걸음 걷기 위해서, 가다가 지쳐도 '저 모퉁이 돌아가면 어떤 아름다운 풍경이 기다리고 있을까?' 하며 설레는 가슴 열고 걸어가기 위해서 나는 다시 길 위에 섰다. 다도해의 아침 바다는 아직 검푸르다. 가슴 밑바닥 깊은 곳에서 김지하 시인의 시 「애린」이 떠오른다.

**애린**

더는 갈 곳 없는 땅끝에 서서
돌아갈 수 없는 막바지
새 되어서 날거나 고기 되어서 숨거나
혼자 서서 부르는
불러 내 속에서 차츰 크게 열리어
저 바다만큼 저 하늘만큼 열리다
이내 작은 한 덩이 검은 돌에 빛나는
한 오리 햇빛
애린
나

나는 뱃고동 울리며 출항을 기다리는 배가 아니고, 끝없이 이어진 서해 바다를 바라보며 걸어가야 할 나그네이다.

나그네의 기쁨은 참고 견디는 것이 유일한 낙이다.

헤르만 헤세의 『유리알 유희』의 한 구절을 음미하고 또 음미하면서 멀고도 먼 길을 걸어가야 할 길이 서해랑길이다. 그래, '하나의 길이 끝나는 곳에서 또 하나의 길이 시작된다.' 이 말은 고금의 진리다. 온 나라 구석구석을 걷고 또 걷다가 이 땅끝에서 강화까지 이어지는 길, 서해랑길을 걷기 위해 나는 다시 그 출발점에 섰다.

육지에서 가장 끝부분이라서 땅끝탑이 있는 해남은 백제 때는 새금현塞琴縣이었으나, 조선 태종 9년에 진도현珍島縣과 합쳐져 해진현海珍縣이 되었다. 그 뒤 태종 12년(1412)에 고을의 치소治所를 영암에 딸린 옥산으로 옮겼다. 세종 19년(1437)에 해남과 진도를 다시 나누어 해남현으로 복구하고 현감을 두었다. 조계생이 그의 시에 '남쪽 나라 따뜻하여 겨울에도 눈이 없고, 굽이진 물가에서 소금을 구우니 낮에도 연기가 이네'라고 했던 해남은 제주도로 가는 길목이었으며, 조선 시대에는 유배의 땅으로 이름이 높았다.

달마산 끝자락인 해남군 송지면 송호리 갈두마을의 사자봉이 한반도의 마지막 땅끝이다. 완도와 노화도, 보길도로 가는 배들이 출발하는 갈두항에서 산길을 따라가면 땅끝에 닿는다. 날씨가 좋으면 제주도가 아슴푸레 보이는 땅끝에 세워진 토말비에는 다음과 같은 글이 새겨져 있다.

> 태초에 땅이 생성되었고 인류가 발생했으며
> 한겨레가 국토를 그어 국가를 세웠으니
> 맨 위가 백두산이며 맨 아래가 이 사자봉이니라.

토말탑을 지나 송호리로 가는 길은 바다가 보이는 길이고 한참을 휘돌아가면 송호리에 이른다. 바닷가에 소나무가 무성하여 이름 지어진 송호리해수욕장은 전라남도 기념물로 지정되어 있는데, 바다 너머 진도 일대가 한눈에 들어온다. 영화 〈허준〉에서 허준의 유배지였던 중리를 지나 바닷가로 이어

토말탑

진 길을 따라가다가 보면 소죽리에 작은 대섬 또는 소죽이라고 부르는 섬이 있다.

밀물 때는 모세의 기적처럼 바다가 열리는 섬을 건너다보는 송지저수지에서 옆길을 통해 고개를 넘으면 마봉리로 가는 길에 이른다. 달마산이 눈 안에 가득 차는 길을 구불구불 걷다가 보니 다시 소죽마을에 이르고 마을 쉼터에는 '세월도 쉬어 가는 곳'이라는 글이 쓰여 있다. 어디 세월뿐이랴, 바쁜 마음도 한참 쉬어 간다면 좋겠다. 갈 길이 멀다는 핑계로 길을 재촉하여 송지면 소재지에 이른다.

서해랑길 2코스는 송지면 소재지에서 시작된다. 미학 마을회관을 지나 우근마을에 이르고, 송지천을 건넌 여정은 신정배수지를 지나고 땅끝염전에 이른다. 그곳에서 천천히 걷다가 보니 두륜산 자락 만안리에서 발원한 현산천을 가로막은 백포만방조제에 이른다. 이 방조제는 일제 시대에 축조되었는데, 그 당시 이렇게 큰 방조제를 만든 사람의 노고를 생각하면 가슴이 아플 뿐이다. 현산면 두모마을에 도착해서 동쪽을 바라보면 보이는 산이 백방산이다.

백방산 아래 백방마을은 간척이 되어 농경지로 변하기 전 바닷물이 넘실거리는 포구였고, 신라에서 당나라로 조공을 가거나 제주도로 귀양을 갈 때 당시의 영암군에 속했던 해남군 현산면 초호리와 읍호리 경계에 있는 백방산에서 배를 탔다. 지아비를 기다리는 아내와 가족들은 이 산에 살면서 무사히 돌아올 것을 빌었는데, 그들이 살았던 방이 100칸이나 되었다고 한다. 『여지도서』에는 백방산에 대해 다음과 같이 실려 있다.

> 백방산은 관아의 남쪽 40리에 있다. 두륜산에서 뻗어 나온다. 산 위에 100개의 방房 터가 남아 있으며, 산 아래에는 다한교多恨橋, 탄식천歎息川이 있다. 민간에 전하는 말에 따르면, 남경南京을 오가던 사신들

이 파교灞橋(본래 장안長安 동쪽 파수에 걸린 다리 이름)에서 가슴을 쓸어내리던 일이 있었다. 어떤 사람이 말하기를 "사신들의 아내와 첩이 지아비를 송별하고 이곳에서 머물러 지내며 지아비가 돌아오기를 기다렸다가 함께 집으로 돌아갔다"라고 한다.

그런 연유로 백방산 밑의 포구가 있는 마을을 백포라고 불렀다. 그러나 그 이별의 바다가 간척지가 된 뒤 지금은 포구의 기능이 사라지고 말았다. 시인 김지하는 당시의 한 맺힌 사연을 「백방 1」이라는 시로 남겼다.

**백방 1**

(…)

저 무수히 바람에 갇혀
옹송거리는 어깨 움직임
누가 백방이라 했는가

(…)

어느 나무 그늘에
그 사연 새겨졌는가
내 이제 짧은 머리
짧은 바지 차림으로
이 자리에 서서
홀로
잿빛 하늘을 향해 울부짖는다
여긴 이제 항구가 아니냐.

이 산의 나가미라는 절벽에서 기다림에 지친 숱한 여인네들은 치마폭에 정한을 담은 채 뛰어내렸다고 한다. 이곳에서 바닷길을 하루 가면 흑산도에 이르렀고, 흑산도에서 또 하루를 가면 흑산도 서쪽에 있는 홍의도에 이르렀다고 한다.

무심한 세월이 흐르고 흘러 상전벽해가 된 백방산을 바라보며 갈 길을 재촉한다. 길은 금세 화산면의 영터 버스정류장에 이른다. 영터마을은 제주도와 중국으로 가던 배가 지나던 길목으로 이 길을 지키던 수군이 주둔하여 붙여진 이름이다.

영성임도를 지나 고천암방조제를 건너자 자연생태공원이 나타나고, 황

고천암방조제

산면 한자리에 이른다. 화산면 한자리와 황산면 율동리를 이어 주는 방조제가 고천암방조제다. 1963년 12월 고천암 지구의 대규모 바다를 메우는 작업이 시작되었고, 1964년에는 해남 지역 농민들의 농경지 확대를 위한 간척공사가 시작되었다. 그 뒤 20여 년이 지난 1985년 9월 1일에 이 방조제가 완공되면서 커다란 고천암호가 생겼다.

고천암방조제가 만들어지면서 큰 변화가 일어났는데, 그중 하나가 이곳에 철새들이 찾아온 것이다. 고천암방조제가 만들어지면서 생겨난 갈대밭에 1981년부터 1월에서 2월 초 사이 전 세계 가창오리의 95%가 찾아온다. 둘레가

14㎞에 이르는 호수를 따라 조성된 갈대밭은 오염되지 않았고 기온이 따뜻하면서 먹이가 풍부해 철새들의 낙원이 되기에 최적의 장소다. 그런 여러 이유로 시베리아와 뉴질랜드를 오가는 철새들이 긴 여행의 중간 기착지로 이곳을 찾는 것이다.

이른 아침과 해가 질 무렵 각본 없이 군무를 펼치는 가창오리 떼를 카메라에 담기 위해 전국의 사진작가와 관광객이 몰려들고 있으며, 영화 촬영지로도 이름이 높아서 〈서편제〉〈살인의 추억〉〈청풍명월〉 등을 이곳에서 촬영했다. 가창오리 외에도 황새와 저어새 등 천연기념물과 기러기 등이 천혜의 여건을 갖춘 이곳 고천암에서 겨울을 난다.

작은 고개 밑이라 하여 한자라는 이름이 붙은 한자마을의 서쪽에 있는 산소마을을 지나 옥동리에 이르는데, 이곳에서 보이는 산이 옥매산이다. '황산면 옥동리와 문내면 용암리 경계에 있는 이 산은 177m로 옥이 많이 묻혀 있었음'이라고 『한국지명총람』에 실려 있다.

옥매산은 조선 시대에 옥玉을 생산하고, 전라우수영의 관아나 군함을 만드는 데 필요한 목재를 공급하는 국가 봉산封山이었다. 또, 명량대첩의 승전지인 울돌목의 입구에 있어 왜적의 동태를 감시하고, 강강술래를 했다는 설화가 전해 오는 곳이다. 일제강점기인 1910년부터 장식용 석재가 채취되었고, 1924년부터는 알루미늄의 원료인 명반석을 집중적으로 채굴하기 시작해 태평양전쟁 당시 전투기 등 군수품 제작에 이용되었다. 정확한 생산량은 알 수 없지만 1936년까지 기록된 자료에 따르면 한 해 10만t이 넘는 명반석이 채굴되어 일본으로 넘어갔다고 한다.

『신증동국여지승람新增東國輿地勝覽』 '해남현'편에서 '화반석華班石이 황원현의 매옥산埋玉山에서 나온다'는 기록이 있고, 김정호가 편찬한 『대동여지도大東輿地圖』에는 옥매산玉梅山으로 기재되어 있다. 이름이라는 것이 그냥 지어지는 것이 아니고, 이 땅을 살았던 사람들이 여러 가지 자료와 경험을 통해 짓는다는 것을 새삼 깨닫는다.

옥매산 근처의 노루목산에는 금광이 있었다는데, 금을 채굴하기 위해 지하로 80m를 들어갔다고 하며, 1t의 원석에서 나오는 금이 5~12g 정도였다고 하니, 얼마나 지독한 노동이며, 기다림이란 말인가?

우리나라에서 세 번째로 큰 섬인 진도와 해남 사이에 유리병의 목처럼 갑자기 좁아지는 이 바닷길을 울돌목이라고 부른다. 바닷물이 간조와 만조의 때를 맞추어 병의 목 같은 좁은 곳을 일시에 지나가므로 울돌목은 조류가 세기로 이름이 높다. 숭어가 올라오는 철이면 뜰채로 숭어를 잡는 진풍경을 연출하는 울돌목을 두고 조선 초기의 문신인 남곤南袞은 다음과 같은 시를 남겼다.

붉은 비 내리고 녹음은 살찌는데

거센 바람이 물결을 치매 조수潮水 소리가 장하구나

조수가 요란한 곳임을 표현한 글인데, 조수가 썰물 때 물을 따라 해벽에 부딪혀 요란한 울음소리같이 들리므로 울돌목, 즉 명량鳴梁이라는 이름이 지어진 것이다.

진도군 군내면 녹진리와 전라남도 해남군 문내면 학동리를 연결하는 연륙교가 들어선 것은 그리 오래전 일이 아니다. 1978년에서 1980년까지의 실시설계를 거쳐 1980년 12월 착공하여 1984년 10월에 준공됐다. 여수시에 있는 돌산대교와 동시에 착공되었지만 2개월 먼저 개통된 국내 최초의 사장교인 진도대교는 충무공 이순신 장군이 정유재란 당시 협소한 해협의 물살을 이용해 불과 12척으로 133척의 왜선을 물리쳐 승전으로 이끈 명량대첩의 울돌목에 가설되었다. 초속 6m/sec의 거센 조류가 흘러 수중에 교각을 세우는 해상 공사가 불가능한 곳으로 육상 시공이 가능한 양측 해안에 보강 거더를 케이블로 지지시키는 사장교 형식으로 만들어졌다.

# 명량해협을 지나며 시작되는 진도

아리아리랑 스리스리랑 아라리가 났네.

〈진도아리랑〉의 고향 진도로 들어가는 첫 번째 관문인 진도대교는 떠오르는 아침 해와 지는 저녁 해가 아름답다. 너무 아름다워서 기쁨이 있고, 슬픔이 있는 이 진도의 초입 명량이 역사 속에서는 이순신 장군의 3대 대첩, 즉 노량대첩, 한산도대첩과 더불어 명량대첩의 현장이다.

명량대첩을 주제로 만든 영화 〈명량〉이 개봉 12일 만에 천만 관객을 돌파하면서 수많은 사람들이 찾고 있는 이곳은 우리말로 울돌목이라고 부르는데, 울돌목은 그 이름에 걸맞게 바닷물이 쏜살처럼 흘러간다. 불멸의 이순신이라는 평을 받고 있는 이순신 장군이 왜적을 크게 무찔렀던 명량해전을 이중환은 『택리지』에 다음과 같이 썼다.

임진년(1592)에 왜적의 스님인 현소가 평양에 와서 의주 행재소

> 行在所에 있는 임금에게 편지를 보내며 "수군 10만 명이 서해로 오면 마땅히 수군과 육군이 함께 진격할 것인데, 대왕의 수레는 장차 어디로 가시겠습니까?" 하고 물었다. 당시 왜의 수군은 남해에서 북쪽으로 올라가던 참이었다.
>
> 그때 우리나라의 수군대장 이순신이 바다에 머물면서 쇠사슬을 만들어 여울을 가로막고 기다렸다. 그러한 사실을 까마득하게 모르는 왜의 전선戰船은 여울 위에 이르러 쇠사슬에 거꾸로 엎어졌다. 그러나 다리 위에 있는 배에서는 낮은 곳이 보이지 않으므로 그들은 배들이 엎어진 것을 보지 못하고 여울을 넘어 물의 흐름을 따라 내려간 줄로 생각하다가, 모두 차례차례 거꾸로 뒤집혔다. 또 다리 가까이엔 물살이 더욱 급하여 배가 급류에 빠져들면 돌아 나갈 여유가 없으므로 5백여 척의 배가 여울 위에서 전부 침몰하여 갑옷 한 벌도 남지 않았다.

바로 이곳 울돌목의 지형을 잘 파악하고 급한 물살을 이용한 이순신 장군이 왜적을 크게 이긴 것이다.

이순신 장군의 3대 대첩 현장 가운데 하나로 참혹한 전쟁터였던 울돌목에서 진도로 건너가는 진도대교가 놓였고, 지금은 언제 그러한 일이 있었냐는 듯 물살만 빠르게 흘러가고 있다. 천천히 걸어서 지나는 진도대교에 바람은 미세하게 불었고 진도대교를 건너면 진도군 군내면 녹진리에 접어든다.

지형이 사슴의 뿔처럼 생겼기 때문에 녹진이라고 지은 이 바닷가 마을에 있는 돌굴산은 해발 90m밖에 안 되는 작은 산인데, 정유재란 때 이순신 장군이 이엉으로 이 산을 덮어서 노적가리처럼 만들어 왜적을 놀라게 한 뒤 울돌목 싸움에서 이겼다는 곳이다. 그 옆에 있는 망금산은 이순신 장군이 왜적들을 울돌목으로 유인한 뒤 마을의 아녀자들로 하여금 떼를 지어 강강수월래를 불러 왜적의 넋을 빼앗게 하여 왜적을 섬멸할 수 있었던 곳이다.

명량해협을 바라보는 진도의 망금산望金山(111.5m)은 2002년 7월 13일 전라남도 기념물로 지정되었는데, 이 산에 관방성이 있다. 산의 정상으로부터 동남쪽으로 약 500m 아래쪽에 있는 작은 봉우리(67m)를 둘러싸고 축조한 관방성의 둘레는 460m이며, 흙과 막돌을 섞어 쌓고 외벽을 깎아 접근이 어렵게 되어 있다. 통일 신라 시대에 축성된 뒤에 고려와 조선 시대를 거치며 전쟁을 치른 관방성은 명량해협을 지키는 요새로 명량대첩의 역사적 현장이다.

망금산을 지나서 조선 시대에 둔전이 있었다는 둔전리를 지나면 군내면 벽파리의 벽파나루터에 이른다. 고려 때에는 대진大津이라고 불리었던 이곳은 진도로 들어가기 위한 관문 역할을 했으며, 특히 일본과 중국을 경계하는 데 중요한 지역이었다. 임진왜란과 정유재란 당시에는 이순신李舜臣과 관련이 깊은 수군영水軍營이 배치되어 있었던 곳이다. 그 당시 벽파진은 수진장守津將 한 사람이 배치되어 관할하고 있었다. 특히 이곳은 이순신이 열두 척의 배를 가지고 부임해서 명량해전을 준비하며 16일을 머문 곳이다. 이순신의 자취가 남은 이곳에 전적비가 남아 있어서 일본과의 7년 전쟁 동안 격전지였음을 알려 주고 있다. 『선조수정실록』에는 그날의 역사가 다음과 같이 실려 있다.

> 통제사 이순신이 진도 벽파정 아래에서 적을 격파하여 적장 마다시를 죽였다.
>
> 統制使李舜臣 破賊于珍島碧波亭下 殺其將馬多時

그 뒤에 이곳을 찾았던 조선 중기의 문장가인 계곡 장유가 「진도벽파정」이라는 시 한 편을 지었다.

하늘가의 햇발이 바다를 쏘아 비치고
구름 가 저 멀리 섬들 푸르게 옹기종기 있구나
서쪽 바람 부는 소리 밤들어 몰아치니
성난 물결 벽파정을 뒤집듯 때리네

한반도의 끝자락에 있는 진도는 우리나라 민속문화의 보고 중의 보고다. 〈진도아리랑〉뿐 아니라, 〈진도다시래기〉, 〈남도들노래〉, 상여를 메고 가면서 부르는 〈진도만가〉 등 수많은 유형, 무형의 문화유산들이 산재해 있고 또한 진돗개의 명성은 얼마나 높은가.

## 삼별초의 한이 서린 용장산성

서해랑길 진도의 여정은 연동마을을 지나 군내면 용장리에 접어든다. 진도의 역사에서 가장 뚜렷하게 발자취를 남긴 것 중 하나는 삼별초군의 한이 서린 용장산성龍藏山城일 것이다. 고려 원종 때 몽골군의 침입을 받아 치욕적인 강화도조약을 맺자 이에 반대한 삼별초군은 원조의 육촌 형 왕온을 왕으로 추대했으며, 장군 배중손은 쫓기고 흩어진 삼별초군을 모아 강화도를 떠난 지 2개월 17일 만에 진도 벽파진에 이르렀다. 그들은 군내면 용장리에 있는 용장산성에 터를 잡고 풍수지리상 용 다섯 마리가 구슬 하나를 두고 싸우는 모양을 갖춘 이 산기슭에 나라를 세운 뒤 연호를 오랑五狼으로 정했다.

용장산성에 있는 용장사 터에 궁궐과 각종 건물을 지은 삼별초군은 왕을 황제로 칭했으며, 오랑이라는 연호를 짓고 왜에 국서를 보내 자신들이 유일무이한 정통 고려의 정부라는 것을 알렸다. 진도로 옮겨 온 삼별초군이 전라도와 경상도의 서남해안 일대를 장악하자 고려 정부는 큰 타격을 입었다.

경상, 전라의 공부는 육로로 운반하지 못하고 반드시 수로로 운반하는데, 그 길목에 삼별초가 차지하고 있으므로 배가 지나갈 수 없다.

원종 12년인 1271년에 고려 정부가 원나라에 보낸 국서에 실린 글이다. 그러나 진도를 거점으로 큰 세력을 떨쳤던 삼별초군은 1271년 5월 15일 고려 장수 김방경과 몽골 장수 홍다구가 이끄는 연합군에 의해 참패하고 배중손과 왕온은 죽고 만다. 삼별초의 한이 서린 용장리에는 그 시대를 증언하는 대궐터와 배중손이 이곳에 웅거할 때 군사들이 망을 보았다는 망바구(바위) 등의 지명들이 남아 있다.

용장산성을 뒤에 두고 성재 고개를 넘어 도평저수지를 지나고 신리마을을 지나 진도기상대를 거쳐 첨찰산을 넘어 운림산방에 이른다.

용장산성

## 진도의 명승 운림산방

진도의 운림산방은 조선 후기에 남화의 대가였던 소치 허련(1808~1893) 선생이 말년에 거처하며 여생을 보냈던 화실이다.

허련의 본관은 양천陽川이고, 자는 마힐摩詰, 호는 소치小痴다. 허균許筠의 후예 가운데 진도에 정착한 허대許岱의 후손인 그는 해남의 윤선도尹善道 고택에서 윤두서尹斗緖의 작품을 통하여 전통 화풍을 익혔으며, 1839년 상경하여 김정희의 문하에서 본격적으로 서화를 수업했다.

자신의 회화 세계를 구축한 허련은 김정희를 통하여 명사들과 폭넓게 교유했으며, 1846년에는 권돈인權敦仁의 집에 머무르면서 헌종에게 그림을 바쳐 궁중과 인연을 맺게 되었고, 임금과 여러 차례 만날 수 있었다. 그는 다산 정약용丁若鏞의 아들 정학연丁學淵, 민승호閔升鎬, 김흥근金興根, 흥선 대원군 이하응李昰應 등과 교류했고, 1856년에는 진도에 귀향하여 화실인 운림산방雲林山房을 마련하고 제작 활동에 전념했다.

여러 방면의 그림에 능통했지만 산수화에서 뚜렷한 업적을 남긴 그의 산수화는 붓끝이 갈라진 거친 독필禿筆의 자유분방한 필치와 담채淡彩(엷은 채색)의 색감에서 독특하고 개성이 두드러진 화풍을 엿볼 수 있다. 서울대학교 박물관에 소장 중인 〈선면산수도〉가 그의 대표작으로 꼽히고 있다.

추사 김정희는 '신위당 관호申威堂 觀浩에게 주다'라는 편지에서 그의 제자인 허련을 두고 다음과 같은 글을 남겼다.

> 허련은 아직도 그곳에 있습니까? 그는 매우 좋은 사람입니다. 그의 화법畫法은 종래 우리나라 사람들의 고루한 기습을 떨어 버렸으니, 압록강 동쪽에는 이만한 작품이 없을 것입니다. 그가 다행히 권문세가에 의탁하여 후하신 비호를 받고 있으니, 영감이 아니라면 어떻게

운림산방

이 사람을 알아주겠습니까? 그 또한 제자리를 얻은 것입니다.

추사는 사람들에게 "소치를 따를 만한 화가가 없다"라며 칭찬을 아끼지 않았다고 한다. 허련의 독특하면서도 토착화된 화풍은 아들 형瀅에게 전수되었고, 손자 건楗, 방계인 허백련許百鍊 등으로 계승되어 호남 화단의 주축을 이루었다.

소치 허련의 자취가 서린 운림산방은 첨찰산을 지붕으로 하여 사방으로 수많은 봉우리가 어우러져 있는 깊은 산골에 아침저녁으로 피어오르는 안개가 구름 숲을 이루었다고 하여 붙여진 이름이다.

운림산방 바로 근처에 있는 쌍계사는 진도읍에서 동남방으로 7㎞ 거리의 첨찰산 아래 자리 잡고 있는 절로 대웅전과 명부전 그리고 요사채가 있는 고

즈넉한 절이다. 신라 후기인 문성왕 때 도선국사가 창건한 뒤 여러 차례의 중수를 거쳐 오늘에 이르고 있다. 쌍계사 양쪽으로 시내가 흐르기 때문에 쌍계사라고 이름이 지어졌다는 이 절은 주변에 동백나무, 후박나무, 감탕나무, 참가시나무, 참식나무 등 50여 종의 생태 수림이 울창하게 우거져 있어 천연기념물 제107호로 지정되었다.

운림산방을 나와 삼별초공원을 보고 팍팍한 산길을 걸어 의신면 돈지리에 이른다. 돈대가 되므로 돈대 또는 돈지라고 불렀던 이곳에 '금장 둠벙'이 있다. 이곳은 '철마산 아래에 있는 둠벙, 고려 제24대 원종 때 삼별초를 따르던 부녀자들이 밍고군에게 쫓기다가 이곳에서 많이 빠져 죽었음'이라고 『한국지명총람』에 실려 있다. 백제 멸망의 한을 품고 삼천 궁녀가 떨어지는 꽃잎처럼 몸을 던졌다는 낙화암과 같은 유래를 지닌 이곳에 '떼무덤'도 있다. 대무덤 또

허련의 집

윤선도 사당

는 대분통이라고도 실려 있는 이곳은 여몽 연합군에게 크게 패한 삼별초가 떼죽음이 나서 크게 분통이 터졌다는 곳이다.

한편 이곳 의신면 백구마을은 한때 신문과 방송을 떠들썩하게 했던 진돗개에 대한 일화가 남아 있는 곳이다. 1993년 3월, 대전으로 팔려 갔던 진돗개가 300㎞가 떨어진 진도의 옛집으로 찾아와 세상을 떠들썩하게 했던 것을 기념하여 마을 이름을 '백구'라고 고쳤고, 백구와 할머니의 동상 그리고 백구테마센터를 만들었다. 임회면의 송정지와 아리랑 관광마을을 지나 귀성삼거리를 거쳐 8코스의 종점인 국립남도국악원에 도착했다.

귀성삼거리에서 9코스가 시작된다. 나절로미술관을 들여다보고 천천히 걷다가 만나는 문화유산이 고산 윤선도를 모신 사당이다. 윤선도는 이곳에 거처하면서 주민들을 위해 방조제를 쌓는 등 좋은 일을 많이 했다고 한다.

짝별방파제를 지난다. 가는 길 내내 진도의 산천에는 푸른 채소들과 풀잎들이 이색적으로 다가오고 동령개삼거리를 지난 여정이 임회면 남동리의 남도석성에 이른다.

## 남도석성에서 만나는 역사와 문화

배중손이 죽은 곳으로 알려진 남도석성은 사적으로 지정되어 있다. 삼별초군이 해안을 방어하기 위해 남도석성을 쌓았다고 하지만 삼국 시대부터 있었던 것으로 보인다. 백제 때부터 진도군에는 3개의 고을이 있었는데 그중 한 고을이 남도석성을 중심으로 있었을 것으로 추정하고 있다.

지금의 남도석성은 임진왜란 때 무너졌던 것을 다시 쌓은 것이라고 하는데, 높이가 3~5m이고 길이가 54m인 성벽과 함께 동문, 서문, 남문이 남아 있어 그나마 보존이 잘된 성으로 손꼽힌다. 그리고 낙안읍성 민속마을처럼 돌담과 흙벽으로 담을 두른 민가에 사람들이 그대로 살고 있어 옛 성의 모습을 볼 수 있는 아주 중요한 유물이다. 성문 밖으로 나오면 흘러가는 개천가에 두 개의 홍교虹橋인 쌍홍교와 단홍교가 보이는데, 이 중 단홍교는 언제 만들었는지 알 수 없지만 쌍홍교는 광복 후 마을 사람들이 놓았다고 전해진다.

이곳 남도석성에서 비운의 생을 마감한 삼별초군을 두고 〈조선일보〉의 주필이었던 송지영 씨는 다음과 같은 글을 남겼다.

> 삼별초군이 승리를 거두지 못했다고 해서, 마지막 한 사람까지 싸우다 쓰러졌다고 해서, 또 비굴한 조정에 반기를 들었다고 해서 역적의 반란으로 몰아붙임이 정녕 나라의 정통을 부르짖음이라 한다면, 강토는 진작 어느 오랑캐에게 짓밟혀 다시는 회복하지 못했을 것이며,

남도석성

쌍홍교

겨레는 푸줏간이나 생선 가게의 어육이 되어 얼빠진 허수아비로 됐을 것이 아닌가?

그렇다. 역사란 것은 시대 상황에 따라 얼마든지 다르게 평가받을 수도 있는 것이다.

남도석성 앞 남대포 앞바다는 '울돌목이 사돈을 맺자고 해도 안 맺는다' 할 만큼 물살이 세고 섬이 가로막아 바다에서는 마을이 잘 보이지 않는다.

보리밭과 아직 그대로 푸른 채 열 지어 서 있는 배추 포기들을 바라보며 9코스의 끝자락인 서망마을에 이른다. 서망마을에서 바다가 보이는 산길을 걸어서 진도군 임회면 연동리 팽목항에 이른다. 연못이 있어서 연동인 연동리에는 팽나무가 많아서 팽목이라는 이름이 붙은 항구(진도항이라고도 부름)가 있다. 이 팽목항에서 멀지 않은 곳 진도의 병풍도 해상에서 2014년 4월 15일 세월호 사건이 일어났다. 인천에서 제주로 가던 여객선 세월호가 침몰하여 수학여행을 가던 학생들을 포함한 일반인 300여 명이 희생된 것이다. 세월호 사건을 낱낱이 지켜본 팽목항은 검푸르다.

팽목항

'사람만이 희망이다' '사람만이 사람을 그리워한다'는 말이 있지만 사람이 사람을 도외시해서 일어난 세월호 사건이 일어난 지 오랜 세월이 흐르고 흘렀는데, 그동안 사람들은 사람을 얼마나 그리워하며 살았을까?

이 세상은커녕 자신의 의문조차 제대로 풀지 못하고 사는 삶, 대부분 인간의 삶이다. 그런 삶을 앞서 살고 있었던 『월든』의 작가 소로는 1851년 6월 13일 자 일기에서 다음과 같이 토로하고 있다.

> 우리는 철저하게 삶을 살지 못하고 있다. 우리의 숨구멍을 피로 물들이지 못하고 있다. 파도가 가장 먼 해안가까지 밀려와 부서지듯이 우리는 숨을 들이쉴 때마다 들숨의 파도가 우리 몸을 휩싸이도록 해야 한다.
>
> 해안의 모래사장까지 밀려와 우리의 발밑에서 부서지는 파도 같은 호흡을 우리는 아직까지 하지 못하고 있다. 잔 풀무질을 가해야 우

리의 호흡이 더 힘차질까? 우리는 바람 잔 날에 바람을 몰고 오는 호흡을 해야 한다. 우리는 온전한 삶을 살지 못하고 있다. 왜 문을 열고 저 양양한 바다를 노래하지 못하는가? 왜 우리 앞에 놓인 수레바퀴를 돌리지 못하는가? 들을 귀 있는 자는 들어라.

그래, 마음을 열고, 귀를 열어서 듣고 들어라, 듣고 생각해라. 물어도 물어도 해답이 없는 물음표를 안고 걸어가는 서해랑길, 팽목방조제를 지난다. 이 방조제는 임회면 팽목리와 지산면 마사리를 이어 주는 방조제로 이 방조제가 들어서면서 엄청난 농지가 형성되었다. 방조제가 만들어지면서 조성된 봉암저수지를 돌아 가차산 밑을 지나서 금노항에 이른다.

서해랑길 11코스는 진도군 지산면 가치리에서 시작되는데, 가학재 밑에 있어서 가치라는 이름이 붙은 이 마을에서 가학리로 넘어가는 고개가 가학재다. 우리나라 대부분의 이름은 그 지역의 산이나 상징적인 사물에서 비롯되었음을 알 수 있다.

금노마을 뒤로 해산봉이 우뚝 서 있다. 해발 250m인데도 산이 저렇게 높게 보이는 것은 바다가 가깝기 때문이다. 드넓게 펼쳐진 해안 길에서 본 두 개의 섬, 주지도와 양덕도. 주지도에는 손가락바위가 정상에 우뚝 솟아 있고, 양덕도에는 발가락바위가 다도해를 굽어보고 있다. 보전리 근처에 있는 보전호와 대흥포방조제를 지나자 진도군 진도읍 산월리 안산월 서쪽에 있는 수미마을의 쉬미항에 이른다.

진도의 아름다운 다도해를 감상할 수 있는 유람선이 정박하는 쉬미항에서 백조호수공원을 지나서 나리방조제를 건넌다. 1978년에 준공된 나리2방조제와 2008년 준공된 군내 지구 나리방조제가 있는데, 나리2방조제는 군내면 나리의 북서쪽 끝, 가는목마을과 건너편 진도읍 사이에 축조되었다.

길이가 3.5㎞인 나리방조제를 시나브로 건너서 건배산 등산로를 지나자 보이는 산이 금골산이다. 진도를 들어가고 나가는 길에 특이하게 보이는 산이다. 산 전체가 거대한 바위로 우뚝 솟은 기이한 바위산인 금골산은 두 개의 바위로 우뚝 솟은 진안의 마이산보다 더 기괴한 모습으로 서 있다. 해발 193m에 불과한 금골산 아래에 옛 시절 해원사海元寺라는 절이 있었다.

진도군 군내면 둔전리 금성초등학교 운동장 위쪽에 자리 잡은 금골산 오층석탑(보물 제529호)은 수법으로 보아 고려 말에 세워진 것으로 추정되는데 정읍 은선리 삼층석탑이나 부여 장하리 삼층석탑과 같은 백제 탑 양식을 띤 것으로 평가되고 있다. 새로 지어진 해인사를 지나 산행길에 오른다.

금골산 마애여래좌상이라고 표시된 길을 따라가다 보면 천왕문 또는 통천문이라고 불릴 법한 바위굴이 나타나는데, 정상에서 마애불로 가는 길은 쉽지 않다. 그러나 "산을 유람하는 데는 요령이 있으니 천천히 걸으면 피곤하지 않고 조심해서 걸으면 넘어지지 않는다"는 박여량의 말을 되새기며 쇠 난간이 설치되어 있는 길을 조심조심 내려간다. 길은 표시되어 있는데도 깎아지른 절벽 끝이다. 오금이 저리는 길을 8~9분 내려가자 제법 광장처럼 넓은 자연 석굴이 나타나고 그 위에 마애여래불이 새겨져 있다. 이 마애불에 남아 있는 전설은 이렇다.

이 굴속에 늙은 스님과 상좌 한 사람이 살고 있었다. 굴의 바위 구멍에서는 매일 두 사람만 먹을 수 있는 쌀이 나왔는데 다른 사람이 오더라도 절대 욕심을 내지 말고 나오는 쌀만으로 살아야 된다는 불문율이 전해지고 있었다. 그러던 어느 날 생각지 않았던 사람들이 찾아왔고 두 사람 먹을 양의 쌀로는 그들을 대접할 수가 없게 되자 늙은 스님이 화를 내며 "이놈의 구멍은 인정사정도 없더란 말이냐!" 하며 더 많은 쌀이 나오기를 바라는 마음에서 그 구멍을 쑤시고 말았다. 그러나 구멍만 망가지고 이후로는 구멍에서 쌀이 한 톨도 나

쉬미항

오지 않게 되고 말았다. 이러한 이적에 놀란 노승은 자기 잘못을 뉘우치고 먹을 것 없는 이곳을 떠나고 말았는데 쌀이 나오던 그 구멍이 마애여래좌상의 가슴 아래 움푹 팬 곳이다.

전라남도 문화재자료 제110호로 지정되어 있는 이 마애불은 『동문선』에 이렇게 기록되어 있다.

> 이 산이 옛날에 영겁이 많아서 해마다 빛을 발하곤 했다. 그때마다 유행병이 돌고 장마가 오래가고 가뭄 등의 재앙이 생겨 제사를 지내곤 했다. 그런 것을 방지하기 위해 성종 원년에 진도군수 유호지라는 사람이 이 불상을 새기게 되었고 그 뒤부터 이 산이 빛을 발하지 않아 재앙이 없어졌다고 한다.

1469년에서 1472년까지 진도군수를 지냈던 유효지가 이 불상을 새겼다는 기록이다.

연산군 때 일어났던 무오사화로 이곳에 와서 귀양살이를 했고 갑자사화 때 사형을 받은 이주李胄(?~1504)는 「금골산록」이라는 기록을 남겼는데 다음은 그의 「야좌」라는 시다.

음풍이 쌀쌀하고 비는 뚜덕거리는데
바다 기운이 산을 둘러 돌구멍이 깊구나
이 밤에 떠돌이 삶은 흰머리만 남겼지만
등불 켤 때면 다시금 첫 마음을 돌아본다

한편 전라 관찰사를 지냈던 이숙함은 이곳 진도를 다음과 같이 노래했다.

섬 됨이 아득히 떨어져 있는 천부의 땅으로 지름이 오륙십 리쯤이며 그 사이의 산은 높고 물은 길다. 땅이 또한 기름지고 목장의 말은 비단같이 들을 덮고 귤나무가 숲을 이루니 그야말로 보물의 땅이요 재물의 곳집으로 남쪽 고을의 으뜸이라

그러나 이 진도는 역사 속에서 수많은 한을 간직한 땅이었고 유배의 땅이었다. 고려 인종 때 이자겸의 난으로 인해 그의 아들 공의가 이 진도 땅으로 유배를 왔고 선조의 큰아들이었던 임해군도 이곳으로 귀양을 왔었다. 얼마나 많은 사람들이 이 진도로 유배를 왔으면 조선 영조대의 전라도 감사가 조정에 이러한 건의문을 보냈겠는가?

1 세방낙조 2 팽목항

진도에는 유배자가 너무 많다. 이들을 먹여 살리느라 죄 없는 섬사람들까지 굶어 죽을 판이니 유배지를 다른 곳으로 옮겨 달라.

이 땅의 지식인들이 들고 나간 유배의 땅이라 그러했을 것이다. 다시 보이는 울돌목이 『여지도서』 '해남군'편 산천조에는 다음과 같이 실려 있다.

명양鳴洋, 우수영과 진도 사이에 있다. 병 주둥이처럼 생겼는데, 큰 물결과 커다란 파도가 좁은 협곡과 만나 방아를 찧는 듯한 격렬한 소리

> 를 내며 운다. 배가 지나갈 때면, 위로 솟구쳤다가 바닷속으로 빠지는 듯하다. 충무공 이순신이 왜적을 유인하여 이곳에 이르렀다가 큰 승리를 거두었다.

나라의 서해 끝자락에 있는 섬, 진도는 진돗개와 〈진도아리랑〉으로 이름이 남아 있지만 수많은 역사문화유산을 간직한 섬이기도 하다.

# 다시 해남으로 접어들어 해남 땅을 걷다

진도대교를 건너자 해남의 우수영이 있었던 우수영 관광지에 이른다. 조선 시대에는 왜구와 접촉이 극심한 전라도와 경상도에 한하여 수군절도사水軍節度使가 상주하는 주진을 각각 두 곳에 설치했다. 그리고 한성에서 보아 각 도의 서편, 즉 우편을 전담하는 주진을 우수영, 동편 즉 좌편을 전담하는 주진을 좌수영이라 했다.

조선 시대 9대로 중 제7로가 서울에서 해남을 거쳐 제주도에 이르는 길이었고, 『대동지지大東地志』에는 그 출발지가 다음과 같이 실려 있다.

> 해남의 이진진梨津鎭은 한양에서 950리 위치에 있으며, 성에는 해월루가 있다. 제주로 들어갈 사람은 모두 여기에서 배로 떠난다.
> 梨津鎭 京九百五十里 鎭有海月樓 入濟州者 發船於此

그리고 또 다른 출발지는 해남의 우수영이었다. 삼남대로의 출발지이자

우수영이 있었던 해남군 문내면 동외리는 우수영성의 동문 밖이라서 이름 지어진 곳이고 남외리는 남문 밖이라서 이름 지어진 곳이다.

옛사람들의 이야기가 얽히고설킨 우수영을 지난다. 이곳에 법정스님 마을도서관이 있다. 법정스님이 앉아 있었다는 낡고 허름한 의자가 오가는 사람을 맞는 도서관, 그만큼 책을 진심으로 사랑한 이도 많지 않을 것이다. 돌아가시면서도 홀홀이 떠난 법정스님은 책에 대해 다음과 같은 글을 남겼다.

> 나는 책이란 만인의 대학이라고 생각한다. 어느 대학에 들어가건 대학에서 배울 수 있는 것은 양적으로든, 질적으로든 극히 일부분에 불과하다. 대학에서도, 대학을 졸업하고 나서도 무언가를 배우려고 한다면 인간은 결국 책을 읽지 않을 수 없다. 대학을 나왔건 나오지 않았건, 일생에 책이라는 대학을 계속 다니지 않는다면 아무것도 배울 수 없다. 나는 지금까지 살아오면서 책이라는 대학에 지속적으로 그 누구보다 열심히 다니고 있다.

법정스님의『아름다운 마무리』의 일부분인데, 또 이런 말도 남겼다.

> 때가 지나도 떨어질 줄 모르고 매달려 있는 잎들이 보기가 민망스럽다. 때가 되면 미련 없이 산뜻하게 질 수 있어야 한다. 그래야 빈자리에 새봄이 움틀 것이다. 꽃은 필 때도 아름다워야 하지만, 질 때도 또한 아름다워야 한다. 왜냐하면 지는 꽃도 또한 꽃이기 때문이다. 죽음을 생의 종말로만 생각한다면 막막하다. 그러나 죽음을 새로운 생의 시작으로 볼 줄 안다면 생명의 질서인 죽음 앞에서 보다 담대해질 것이다.

그래. 나올 때 무엇 하나 가지고 온 것 없고, 갈 때 무엇 하나 가져갈 것 없지 않은가. 부지런히 떠나고 또 떠나자. 서해랑길은 다시 이순신 장군을 모신 충무사에 이른다.

나라 곳곳에 이순신 장군을 모신 사당이 있다. 해남의 충무사는 1964년 해남 명량대첩비가 있던 해남군 문내면 학동리에 건립되었다. 2011년 해남 명량대첩비와 비각이 동외리의 현재 위치로 이전되었고 2017년 충무사도 이전되었다. 보물로 지정된 해남의 명량대첩비는 숙종 14년(1688)에 지금의 위치에 건립되었다. 그러나 일제강점기인 1942년 강제로 뜯겨져 경복궁 근정전에 묻히게 되었다. 1947년에 해남 명량대첩비를 지역 주민들의 노력으로 되찾아오는 과정에서 원래 위치가 아닌 학동리 청룡산에 자리 잡게 되었다.

충무사는 앞면 3칸에 옆면 1칸 규모의 맞배집이고, 동재와 서재 그리고 삼문을 갖추고 있으며, 이곳에서는 매년 4월 28일 향사를 지내고 있다.

당포마을 마을회관

명량대첩비는 이순신 장군과 전라수군이 1597년 9월 16일 울돌목에서 거둔 명량대첩을 기록한 것인데, 전액은 『구운몽』을 지은 서포 김만중의 전서이고, 문장은 이민서, 글씨는 이정영이 해서로 썼다.

전라우수영을 지나 조선수군 재건로 이순신길을 따라가면 망해루에 이른다. 이곳 망해루에서 이순신이 우수영 일대를 굽어보며 나라를 위기에 구하기 위한 묘책을 짜냈다고 한다.

임하교를 지난 여정은 화원면 학상마을을 거쳐 해남군 화원면 주광리의 오시아노관광단지에 이른다. 1992년 해남군 화원반도를 서남해 거점 관광단지로 조성하여 개발하기 위하여 그해 10월 관광단지로 지정했는데, 사업 시행자는 한국관광공사였다. 오시아노관광단지의 주요 시설로 오토캠핑장, 축구장, 골프장이 운영되고 있으며, 문화예술존과 마린월드존, 해수욕장이 조성될 예정인데 제주 중문과 경주의 보문관광단지와 같은 단지로 조성할 계획이다.

서해랑길이 지나는 해남군 화원면은 본래 황원현이었고, 황원목장이 있었으며 감목관이 있던 곳이다. 장수마을을 거쳐 후포마을에 이르고 월호리 당포마을에 이른다. 1914년 행정 구역을 개편할 때 월하리月下里의 첫 글자와 당호리唐湖里의 가운데 글자를 취하여 지은 이름인 월호리月湖里의 당포마을은 임진왜란 때 인동 장씨 장륙張渼이 내려와 마을을 이루었다고 전해져 온다.

이 마을을 지나 마산리에 이르고 영회리를 지나 금호방조제를 지난다. 전라남도 해남군 산이면 금호도는 원래 섬이었다. 화원반도와 해남반도를 잇는 거대한 금호방조제라는 바다를 막아 호수로 만들면서 육지가 되었다. 이 방조제는 1978년 박정희 대통령이 구상한 '서남해안 간척농지 개발사업안'에 기반하고 있다. 영산강 유역 농업종합개발 제3단계 사업기공식이 1987년 11월 4일 오후 2시 30분 영암군 삼호읍 삼포리에서 열렸고, 공사 8년 만인 1996년 11월 7일 금호방조제가 준공되었다. 해남군 산이면은 산이 둘(주성산과 상공산)이 있으므로 산이면이라고 했는데, 산이면 금호리는 금호도에 있기 때문에 지어진 이름이다.

금호도에서 가장 높은 산인 금성산은 해발 186m인데, 그 위에 옛 석성이 있고, 금호도 동남쪽에는 금호나루가 있어서 상공리와 목포시로 건너갔다고 한다. 옹기점이 있었던 옹궁점, 지형이 홍어처럼 생겼다는 홍애, 금호 동남쪽에 있는 골짜기인 유작골이 금호리의 이름들이었다.

금호도에서 솔라시도 대교는 영암과 해남을 새롭게 조성한 관광레저기업도시 솔라시도의 동측 진출입을 위한 교통개선 대책의 일환으로 만든 대교다. 향후 급격히 증가할 물동량 대비에 따른 원활한 교통소통과 기업도시 및 영암호의 관광자원 활성화, 지역 주민의 편의 증대를 목적으로 지은 솔라시도 대교는 2015년 12월 9일에 착공하여 2022년 12월 9일에 완공되었는데, 공사비는 총 3,155억 원이 들었다. 양방향 2차로로 길이는 2,606m, 폭은 14.10m다. 이 대교가 건설되면서 해남에서 목포까지 1시간이 걸리던 것이 30분으로 단축되었다.

# 월출산을 바라보며 걷는 영암 서해랑길

해남과 영암을 연결하는 솔라시도 대교를 지나며 영암군 삼호읍 공도교에 이른다.

영암군의 백제 때 이름은 월나군月奈郡이었고 신라 때 지금의 이름으로 고쳐졌다. 이 군의 풍속이 『여지도서』에는 '영암 사람들은 농업에 전적으로 힘쓰며 부지런하고 검소하며 꾸밈이 없다'라고 했다. 유관은 자신의 시에서 '긴 내가 출렁출렁 성을 안고 흐르네'라고 노래했고, 고려 때의 김훼윤은 '땅이 창해 바다와 접하며 장한 경치가 많다'라고 했다. 호남의 금강산으로 알려질 만큼 아름다워서 국립공원으로 지정된 월출산을 김극기는 다음과 같이 예찬했다.

월출산의 많은 기이한 모습을 실컷 들었거니,
그늘지며 개고 추위와 더위가 모두 서로 알맞도다.
푸른 낭떠러지와 자색의 골짜기에는 만 떨기가 솟고,
첩첩한 산봉우리는 하늘을 뚫어 웅장하고 기이함을 자랑하누나.

월출산 남쪽에 강진군 성전면 월남리가 있고, 서쪽에 영암군 구림면이 있다. 이 마을들은 신라 때부터 이름난 마을로, 서해와 남해가 맞닿는 곳에 위치한다.

월출산은 수많은 기암괴석이 어우러진 모습이 하나의 거대한 수석처럼 보이기도 하고 한 폭의 아름다운 산수화 같기도 하지만, 나무나 풀 한 포기 제대로 키울 수 없는 악한 산으로 보이기도 한다. 1973년 3월에 도립공원으로 지정되었다가 1988년에 국립공원으로 승격된 이 산자락 밑에서 수많은 인물이 태어났다.

월출산

월출산 자락 도갑사 근처의 구림마을에서 풍수지리학의 원조인 도선국사가 태어났다. 『신증동국여지승람』에는 이렇게 실려 있다.

> 도갑사는 월출산에 있다. 도선이 일찍이 머물렀던 곳이다. 비석의 글자가 마모되어 읽을 수가 없다. 절 아래 동구洞口에 두 개의 입석이 있는데 하나에는 국장생國長生이 새겨져 있고, 또 하나에는 황장생皇長生 세 자가 새겨져 있다.

일본에 『논어』와 『천자문』을 가지고 건너가 학문을 전하고 일본 왕실의 스승이 된 것으로 알려진 왕인 박사도 도갑사 근처에서 태어났다. 그래서 도선과 관련된 최치원, 백의 등의 이름과 왕인 박사와 관련된 책굴, 돌정고개 등의 지명이 지금도 남아 있다.

공도교를 건너서 바라보는 수문을 통해 영산호와 영암호가 서로 연결되고, 금호호와 대진수로가 연결되어 하나의 큰 담수호가 된다고 하니, 현대 기술이 얼마나 신기한가를 깨닫게 한다.

영암 땅을 지나자 세한대 영암캠퍼스다. 이 대학은 원래 1994년 대불공대로 출발하여 1996년에 종합대학교가 되었고, 2012년에 세한대학교로 이름을 바꾸면서 당진 캠퍼스를 추가로 개교했다. 세한대학교를 지나 바다와 같이 드넓은 영산호를 바라보며 걷는 길이 거의 일직선이다. 나불 제1배수통문을 지나자 좌측에 농업 테마공원 주말농장과 허브농장이 보인다.

영산강 하굿둑 3㎞라는 표지판이 보이고, 서해랑길은 한옥 호텔 영산재 앞을 지나간다. 바로 근처 전남 영암군 삼호읍 녹색로에 있는 전라남도농업박물관에 이른다. 이 박물관은 연건평이 1,193㎡이며 총 소장품은 600점이다. 사라져 가는 전통 농경문화유산을 모으고 전시하여 후손들에게 전승하는 것을

영암호

목적으로 세운 이 박물관은 제1·2·3전시실과 현대농업관 그리고 야외전시장으로 구성되어 있다. 1986년 건립추진위원회가 구성하여 1987년 5월 14일 착공식을 가진 뒤, 1993년 9월 24일에 개관했다.

농업박물관을 보고 현대오일뱅크 영산호 주유소를 지난다. 주유소 근처에 영암을 대표하는 과일인 무화과 조형물이 설치되어 있다.

**무화과**

이봐
내겐 꽃 시절이 없었어
꽃 없이 열매 맺는 게 무화과 아닌가

문득 「무화과」라는 시 한 소절이 떠오르고, 꽃 시절이 없이 지나간 내 인생에 꽃 시절은 지금이 아닐까? 생각하며 빙긋이 미소 지으며 걷는다.

삼호대교 입구에는 영산강 하굿둑 수문이 우뚝하게 서 있다. 영산강 하굿둑을 지나 영산호 25호 광장을 거쳐 목포에 이르러 바라본 영산강 하구가 바다와 같다.

수많은 사람이 태어나고 살다 간 영산강이 『신증동국여지승람』에는 다음과 같이 실려 있다.

> 남포진南浦津(영산강)이 나주羅州에 있는데, 그 수원이 세 곳이 있다. 그 하나는 담양潭陽 추월산秋月山의 물이 창평현昌平縣의 남쪽 물과 합하고, 또 무진성茂珍城의 서쪽 물과 어울려 서쪽으로 흐른다. 또 다른 하나는 장성長城 위령葦嶺의 물이 진원현珍原縣(장성) 서쪽과 나주 북쪽 경계를 지나 옛 내상성內相城 남쪽을 거쳐서 생압진生鴨津에 이르러 무진 북쪽 경계의 물과 합하여 나주의 동쪽을 지난다. 또 하나는 능성綾城(능주) 쌍봉雙峯의 물이 남평현南平縣 북쪽을 지나 또 나주의 동쪽 경계의 물과 합하여 남쪽으로 돌아 서쪽으로 흘러서 남포진이 되어 나룻배로 사람을 건너게 하고, 무안현務安縣 동쪽에 이르러 대굴포大堀浦가 된다. 또 서쪽으로 흘러서 영암군靈岩郡 운적산雲積山의 기슭을 지나 목포木浦가 되어 바다로 들어간다.

고려 시대에 배류하는 3대 강이란 후백제 견훤에게 혼이 났던 왕건이 삼국을 통일하고서 남겼다는 『훈요십조』를 일컫는 말이다. 그렇다면 남도 땅을 질펀하게 흐르는 강을 영산강이라고 부르기 시작한 때는 언제부터인가.

> 영산폐현榮山廢縣, 주의 남쪽 10리에 있다. 본래 흑산도 사람들이 육지로 나와 남포南浦에 살았으므로 영산현이라 했다. 고려 공민왕 12년

에 군으로 승격했다가 후에 주에 예속되었다.

『신증동국여지승람』에 이렇게 실려 있는 것을 보면 고려 때부터 영산이라는 이름이 실재했음을 알 수가 있다. 『신증동국여지승람』 '진도'편에 '영강진, 고려 때에는 남포창이라고 불렀다'는 기록으로 보아 영산강이라는 이름을 영강이라고 부르기도 했음을 알 수가 있다. 신안군 영산도永山島 사람들이 왜구를 피하여 나주 근처 포구에 개척한 영산포의 이름을 따라 영산강으로 바뀌게 되었다고 한다. 지금도 신안군 흑산면에는 영산이라고 부르는 영산도永山島가 있으며 그곳에 유배를 갔던 면암 최익현崔益鉉의 「영산永山 앞바다에서 배를 띄우다」라는 시 제목에도 영산이라는 지명이 보인다.

봄이 오니 얼마나 배 띄우기를 생각했던가?
오늘에야 순풍 불어 강 거슬러 갈 만하네.
눈에 들어오는 뭇 섬은 별같이 달리고,
가슴속엔 티끌 한 점 남김없이 다 날려라.
고기는 무슨 일로 뛰기도 하고 잠기기도 하는가?
새는 제멋에 뜨고 날지.
흥겹다 보니 날 저문 것도 좋아서
낭랑하게 읊고 나 홀로 물가에 서 있네.

전라남도 담양에서 발원한 영산강이 장성과 광주 나주와 영암 지역을 흘러서 이곳 영산강 하굿둑에서 강으로서의 생애를 마무리하고 서해 바다로 들어간다.

저 멀리 보이는 무안군 삼향면 남악리에 전라남도청이 이주해 온 것은 그리 오래전 일이 아니다. 광주광역시에 있던 기존의 도청을 옮기기 위해 1999년 1월 9일 신도청 소재지 용역을 실시했고, 그 결과 무안군 삼향읍 오룡길 1로 선정되었다. 3년의 공사 끝에 2005년 11월 11일 개청식을 열었다. 전남도청이 있는 무안에서 바라다보이는 영산강 하굿둑 아래가 바로 항구 도시 목포이고, 목포의 노적봉이라고도 부르는 유달산儒達山(해발 130m)도 보인다.

# 유달산을 오른 뒤
# 무안으로 향하는 서해랑길

영산강 하굿둑을 지나서 목포 지방 해운항만청으로 바닷가를 따라 걷다 보면 목포의 명물 갓바위에 이른다. 용당과 관해동의 이름을 따서 지은 목포시 용해동에 있는 갓바위는 입암으로도 불리는데, 2009년 4월 27일에 천연기념물로 지정된 바위로 서해와 영산강이 만나는 강의 하구에 있다.

이 바위는 바닷물이 바위에 부딪히면서 수면과 잇닿은 바위 아랫부분이 깎여 나가 마치 갓을 쓴 사람 형상으로 보인다 하여 이름 붙여졌다. 큰 갓바위가 8m이고 작은 갓바위가 6m 정도 되는데, 멀리서 보면 갓을 쓴 두 사람이 나란히 서 있는 모습이다. 바다 쪽에서 보면 마치 두 사람의 스님이 삿갓을 쓰고 있는 것 같다 하여 갓바위라고 부르며 중바위는 훌륭한 도사스님이 기거했다 하여 중바위라 전해지고 있다. 한 쌍으로 이루어진 목포의 갓바위에는 여러 가지 전설이 전해져 온다.

옛날에 병든 아버지를 제대로 봉양하지 못한 아들이 돌아가신 아버지를 양지바른 곳에 모시려다 실수로 관을 바닷속을 빠뜨리고 말았다. 불효를 저질

갓바위

러 하늘을 바라볼 수 없다며 갓을 쓰고 자리를 지키던 아들도 그 자리에서 죽은 뒤에 두 개의 바위가 솟아올랐고, 사람들은 큰 바위를 '아버지 바위', 작은 바위를 '아들 바위'라 부르게 되었다는 것이다.

또 다른 이야기는 영산강을 건너던 부처님과 그 일행이 잠시 쉬던 자리에 삿갓을 놓고 간 것이 바위가 되어 중바위(스님바위)라 부른다는 것이다.

서해랑길 18코스는 갓바위에서 시작하여 목포의 여러 문화유산을 답사하고 유달산둘레길을 걷고, 유방산을 넘어 용해동 주민센터에 이르는 구간이다.

목포시는 갓바위 주변을 갓바위 지구로 지정하여 보존하고 있고, 그 지구 안에는 목포문화예술회관과 목포자연사박물관, 국립해양유물전시관 그리고 김현을 비롯한 목포의 문학인들을 위한 목포문학관이 있다. 목포가 낳은 평론가로 수많은 사람의 영혼을 일깨워 주었던 김현 선생을 기려서 세운 김현 동상 앞에서 그의 글 한 편이 떠올랐다.

> 글 쓰는 사람들에게 가장 끔찍한 것은 시력視力이 약화되어 자기가 쓴 글이나, 남이 쓴 글을 읽지 못하게 되는 것이다. '읽지 못한다'는 것은 문자 이상의 뜻을 가지고 있다. 밀턴 같은 천재처럼 눈이 안 보여도 위대한 작품을 쓸 수는 있겠지만, 그것은 그리 쉬운 일이 아니다.
>
> 다른 사람은 어떨지 모르지만, 나 자신만 하더라도 남이 쓴 글이나 내가 쓰고 있는 글을 내 눈으로 봐야, 사고가 수월하게 진행되어 나가지, 남의 말을 듣고 무엇을 이해할 때 사고는 거기서 크게 멀리 나가지 못한다. 나는 눈을 통해 몽상하고 철학 한다. 눈으로 볼 때, 우리는 손으로 교정할 수 있다. 귀로 들을 때 그 교정은 그리 쉽지 않나.

김현의 『책읽기의 괴로움』에 실린 글이다. 평생을 공부만 하다가 세상을 하직한 김현 선생의 '책을 못 보는 서러움'이 담긴 책이라고 해야 하겠다. 그는 훗날에 『행복한 책읽기』를 펴냈는데, 선생이 작고하자 고종석이 김현의 문학을 다음과 같이 헌사했다.

> 그는 때 이른 죽음을 맞기까지 30년 가까운 글쓰기를 통해 한국문학이 일찍이 목격한 바 없는 아름답고 웅장한 비평의 성채를 쌓았다. (…) 고산자 김정호가 땅 위를 걸었던 열정으로 김현은 마음의 공간을 걸었고, 그래서 그가 만든 지도는 『대동여지도』 이래 기계의 힘을 빌리지 않고 만들어진 가장 정교하고 믿음직한 지도가 되었다.

나처럼 땅 위를 걸은 것이 아니고 문자, 즉 책 위에 그림을 그려 뭇 사람들에게 새로운 길을 제시했던 사람이 김현이다. 문학관을 답사하고 걷다가 보니 삼학도가 지척이다. 이곳 삼학도에 얽힌 전설이 하나 있다.

옛날 목포에 무예를 익히려는 한 장사가 있었다. 그는 유달산에서 무예를 익히면서 절벽 같은 암벽을 오르내리기도 하고 바위와 바위 사이를 건너뛰기도 하며 날아가는 새를 화살을 쏘아 떨어뜨리기도 하고 큰 칼로 호랑이의 숨통을 단번에 끊어 놓기도 했다.

그가 무술을 익히고 있는 유달산 아래에는 세 처녀가 살고 있었다. 세 처녀는 아침마다 마을에서 올라와 물을 길어 갔는데 늠름한 장사의 모습에 연정을 품게 되었고, 장사 역시 처녀들에게 마음이 끌려서 무예를 닦을 수가 없게 되었다. 이러다가 무예 수업을 제대로 마치지 못할 것 같다고 느낀 장사는 세 처녀에게 자신의 심정을 토로했다.

“당신들을 사랑하게 되어 마음이 혼란스러워져 무예를 익힐 수 없으니 무

삼학도

예 수업이 끝날 때까지 멀리 떨어진 섬에 가서 나를 기다려 주시오."

이 말을 들은 세 처녀는 어느 맑은 날 돛단배에 몸을 싣고 먼 섬으로 향했다. 그 광경을 몰래 지켜보던 장사는 세 처녀가 살아 있는 한 마음을 가라앉힐 수 없다 생각하고는 유달산에서 배를 향해 화살을 마구 쏘아 날렸다. 장사의 화살을 맞은 배는 두 동강이 나면서 목포 앞바다 한가운데에 가라앉고 말았다. 그러자 그 자리에서 세 마리의 학이 솟아올라 하늘 높이 날아갔으며, 곧이어 그 자리에 세 개의 바위가 솟아나 섬이 되었다. 그 섬을 삼학도라고 부르기 시작했는데, 삼학도는 1968년 이후 목포와 연결되면서 자연이 크게 파괴되어 옛 모습을 찾을 수 없게 되고 말았다.

신안군 하의도 후광리가 고향인 김대중 선생이 공부했던 김대중 공부방을 지나면 목포진지에 이른다. 『신증동국여지승람』에 '목포영은 현에서 남쪽

목포진 동헌

목포진 비석

으로 68리 떨어져 있다. 나주와 목포가 여기 와서 바다로 들어가는 까닭에 통칭 목포라고 한다'고 했다. 만호동에 목포의 옛 이름이 남아 있는 진지가 목포진이다. 1987년 1월 15일 전라남도 문화재자료로 지정된 목포진은 목포영, 목포대라고도 부르고 만호萬戶가 배치되었다는 연유로 만호영, 만호진 또는 만호청이라고도 불린다. 수군의 진영으로 수군만호를 두었던 목포진은 연산군 6년인 1500년에 축조하여 1502년에 완성되었고, 고종 21년인 1895년에 폐진되었다.

목포진이 폐진 되고, 목포가 개항하던 당시만 해도 청사의 일부가 남아 있어서 무안감리서, 일본영사관 그리고 해관으로 임시 사용되다가 영국영사관 기지로 편입되었다. 일제강점기 이후에는 다시 민가로 전용되었다. 목포진지의 성이나 유적은 거의 남아 있지 않다. 만호동 민가의 담장이나 축대가 당시의 성돌로 쌓은 것임을 확인할 수 있어서 그곳에 목포진성이 있었을 것으로 추정하고 있다. 목포진 유적비木浦鎭 遺蹟碑란 석비가 남아 있는 그 일대에 2014년 목포역사공원을 조성하면서 객사와 일부 유적을 복원했다.

현재 목포근대역사관 1관은 일본영사관이 있던 자리에 들어섰는데, 그런 역사를 간직한 목포는 무안군 지역이었다. 신라 때 나주의 관문으로 영산강의 물이 이곳에 이르러 바다로 들어가므로 통칭 남개 또는 남포, 나무개, 목포라고 불렸고, 수군 진영을 두면서 목포진, 목포영으로 불렸다.

고종 32년인 1895년에 무안현에서 따로 떼어 내 만호청을 두면서 목포라는 이름이 공식화되었다. 유달산 자락의 목포가 개항된 것은 1897년 10월 1일이었다. 인천, 원산, 부산에 이어 국내에서 네 번째로 진남포鎭南浦(당시는 증남포)와 함께 통상항으로 문을 연 목포가 『신증동국여지승람』에 다음과 같이 실려 있다.

> 목포영은 현에서 남쪽으로 68리 떨어져 있다. 나주와 목포가 여기 와서 바다로 들어가는 까닭에 통칭 목포라고 한다.

목포의 상징이며, 전남의 소금강이라고 불리는 유달산은 높이 228m로 유달동, 대반동大盤洞, 온금동溫錦洞, 북교동北橋洞에 걸쳐 있으며, 유달산 동쪽 기슭을 중심으로 목포시가 자리 잡고 있다. 해발고도는 낮으나 바위산이라서 산정은 매우 날카로우며 층층 기암과 절벽이 많아 경치가 아름답다.

임진왜란 당시 이곳에 대량의 군량미가 있는 것처럼 꾸미고 백성들에게 군복을 입혀서 왜적을 물리쳤다는 노적봉, 일등바위, 흔들바위 등의 기이한 바위들이 많고, 봉수대가 있었던 유달산 정상에서는 목포시와 다도해를 한눈에 바라볼 수 있다. 동쪽 산자락에 기상관측소와 시청 그리고 법원 등 관공서가 있으며, 산 중턱에는 유달사, 수도사修道寺, 관음사觀音寺 등 사찰이 있고 서쪽 산기슭은 바다에 이른다.

유달산에 올라서 바라보면 그림같이 펼쳐지는 목포항이 1927년 〈중외일보〉에는 다음과 같이 실려 있다.

목포항은 전남의 관문으로 상공업의 발전은 하루하루 번성되어 가는 반면 도리어 조선인의 상태는 참경慘境에 몰락되어 거주할 집이 없어 심지어 유달산의 험악한 석간까지 움집 혹은 토굴을 파고 생활하고 있는 목불인견의 현상이다.

목포 출신의 소설가인 박화성도 일제 시대 목포항과 유달산 일대를 단편 소설『추석전야』에서 다음과 같이 묘사하고 있다.

목포의 낮은 보기에 참 애처로웁다. 남쪽으로는 즐비한 일인의 기와집이요, 중앙으로는 초가와 기와집이 섞여 있고, 동북으로는 수림 중에 서양인의 집과 남녀 학교와 예배당이 솟아 있는 외에 몇 기와집을 내놓고는 땅에 붙은 초가뿐이다. 다시 건너편 유달산 밑을 보자. 집은 돌 틈에 구멍만 빤히 뚫어진 도야지막 같은 초막들이 산을 덮어 완전한 빈민굴이다.

그처럼 쓸쓸했던 풍경들을 어디에서도 찾을 수 없으니, 세월은 모든 것을 변모시키는 마술사일지도 모르겠다.

노적봉을 바라보고 천천히 오르면 큰 칼을 옆에 찬 이순신 장군의 동상이 있고, 그곳에서 이난영 노래비가 멀지 않다. 이곳 목포를 사람들에게 널리 알린 노래가 〈목포의 눈물〉이다.

사공의 뱃노래 가물거리면
삼학도 파도 깊이 스며드는데
부두의 새악시 아롱 젖은 옷자락

이별의 눈물이냐 목포의 설움

간들거리는 목소리로 이난영이 부른 노래는 1933년 〈조선일보〉 신춘문예의 향토 가요 가사로 당선된 문일석의 노랫말에 작곡가 손목인이 곡을 붙여 만든 노래다. 이 노래뿐 아니라 〈목포는 항구다〉가 있고 일제강점기 시대의 적산가옥이 많은 도시로 기억되는 목포를 두고 광주의 시인 문병란은 「목포」라는 시를 남겼다.

더 갈 데가 없는 사람들이 와서
동백꽃처럼 타오르다
슬프게 시들어 버리는 곳
항상 술을 마시고 싶은 곳이다

잘못 살아온 반생이 생각나고
헤어진 사람이 생각나고
배신과 실패가
갑자기 나를 울고 싶게 만드는 곳
문득 휘파람을 불고 싶은 곳이다

없어진 삼학도에 가서
동강 난 생낙지 발가락 씹으며
싸구려 여자를 바라볼거나
삼학 소주 한 잔을 기울일거나
(…)

실패한 첫사랑이 생각나는 곳이다.

(…)

목포를 어째서 목포라고 불렀는지는 확실하지 않다. 다만 영산강 물과 서해 바닷물이 합쳐지는 이곳의 지형이 마치 '길목쟁이'처럼 중요한 구실을 한다고 하여 '목개'로 부르던 것을 한자로 옮겨서 목포라고 했다는 이야기가 전해진다. 또한 임진왜란 때 이순신 장군이 진을 쳤던 고하도가 목화의 집산지라서 이곳에서 생산한 목화를 일본으로 실어 날랐기 때문에 '목화의 항구'라는 뜻의 목포로 불렸다는 이야기도 있다.

목포가 큰 항구로 자리 잡게 된 것은 주위에 섬이 많고 항만 동남쪽에 있는 영암반도의 돌출부와 남서쪽에 가로놓인 고하도가 자연 방파제 역할을 했기 때문이다. 특히 배후의 유달산이 자연 방파제 역할을 하여 목포는 지형상 유리한 위치에 있었다. 1895년 관제개혁으로 무안군에서 분리된 목포에 목포 만호청이 설치되었고, 청일전쟁이 끝난 1897년 10월부터는 개항되어 목포진

**1** 유달산 이순신 동상 **2** 이난영 노래비

또는 목포항이라 부르게 되었다.

목포는 유달리 예술가들이 많이 태어난 곳이다. 소설가 박화성, 천승세가 있고, 작고한 문학평론가인 김현, 우리 시대의 시인 김지하, 극작가 차범석, 동양화가 허건도 이곳 목포에 살았다.

목포항

# 목포를 감싼 무안군의 서해랑길

서해랑길 19코스 시작점. 그래, 아직 멀었다. 그런데도 사람들은 끝날 때처럼 지쳐 있다. 겨우 하루 걸었는데. 도시에서는 길이 신호등으로 이어질 때가 있다. 신호등의 파란 불, 빨간 불. 멈추어야 하고, 갈 수 있는 그 신호등을 두고 이성부 시인은 「노래 調」라는 시를 남겼다.

뒤돌아보면 거기
서시오 불빛 아래
그대 외로움
나부끼고 있었지

네거리에서
오도 가도 못 하는
그대 외로움

환하게 환하게 빛나고 있었지
소리치고 있었지

다시 등 돌리고 걸어가면
등에 와 박히는 화살 같은 3월
(…)

그래, 곧 3월이구나. 신호등을 건너서 길에서 잠시 쉰다. 쉴 때 보면 저마다 쉬는 모습이 다르다. 대부분 사람은 쉴 때 서 있어야 다리가 안 아프다는데, 쉴 때는 앉아서 쉬어야 다리가 풀리는 것을 모르는 사람들의 말이다. 박성우, 이연미 부부는 흡사 노숙자처럼 앉아 있다. 저 모습이 가장 편안한 쉼이다. 길에서 무슨 체면치레가 필요한가.

목포현대병원을 지나서 빛과소금교회에 이르러 숲으로 들어간다. 얼마나 좋은 일인가. 도란도란 얘기를 나누며 걷는 숲길, 그 길을 올라가자 꽃길이 펼쳐지고, 산을 넘자 제일저수지가 보인다. 흐리다가 비 내리는 저수지에 산이 사뿐히 내려와 있다.

내리막길이고, 내리는 비를 따라간 길에 무안군 삼향동행정복합센터가 있다. 그곳에서 먼저 온 사람들과 함께 목포자동차매매센터를 지나자 한적한 길에 접어든다.

1번 국도 아래 터널을 지나 마동마을을 지나자 방조제에 이른다. 이 방조제의 중간 지점이 무안과 목포시의 경계다. 바다에 가면 산이 그립고, 산에 가면 바다가 그립다는 옛사람들의 말과 같이 목포에서 무안에 이르는 19코스에서 지적산, 양을산, 옥녀봉 등 크고 작은 네 개의 산들을 오르내렸고 마을과 마을 사이 이어진 길을 한없이 걸어온 것이다.

서해랑길
19코스 시작점

멀리 뾰족하게 솟은 봉수산이 보이고, 그 봉수산 남쪽에 추사 김정희와 인연이 깊었던 초의선사의 유적지가 있다. 시간이 허락하지 않아 갈 수 없어서 허전한 마음만 안고 가는 길에 코스모스악기사 연수원이 보이고, 바다가 보이는 산길을 걸어가 하루의 여정을 끝낸다. 마지막 한 시간은 비를 맞으면서 많이도 걸었다. 추적추적 내리다 멎었다 다시 내리는 비를 맞으며 지족산, 옥녀봉 등 크고 작은 산을 네 개나 오르고 내리며 걸은 하루. 내일도 오늘처럼 걸을 수 있을까?

아침은 빗줄기와 함께 열렸다. 어제 끝낸 곳에서 다시 19코스가 시작된다. 지금 걸어가는 이곳 무안군이『여지도서』풍속조에는 다음과 같이 실려 있다.

> 주민들은 꾸밈이 없어 수수하며 실속 없는 겉치레는 숭상하지 않는다. 농사와 길쌈을 본업으로 삼고 하찮은 기술 따위를 일삼는 경우는 드물다.

백제 때의 지명이 물아혜군勿阿兮郡인 무안의 진산은 승달산僧達山인데, 승달산이라는 이름이 지어지게 된 유래가 다음과 같이 전해 온다.

원나라 때 임천사臨川寺의 승려 원명이 바다를 건너와 이 산을 택한 뒤 풀을 엮어서 암자를 만들었다. 그 소식을 들은 임천에 있던 그의 제자 5백 명이 원명을 찾아와서 함께 도를 통했으므로 승달산이라 하게 되었다.

바로 이 승달산에 호승예불혈胡僧禮佛穴의 명당이 있다고 한다. 이 혈은 승려가 부처님께 예불을 드리는 모습이라고 하는데 '이 혈에 묘를 쓰면 98대에 이르도록 문무백관을 탄생시킬 것이다'라고『도선비록』에 전해 온다. 1대를 대체로 30년으로 보는데, 98대라면 3천 년에 이르는 긴 시간이다. 이곳의 명당을 찾으려는 사람들의 발길이 끊임없이 이어지고 있다. 하지만 오늘날은 '이러한 혈은 개인이 소유할 수 없는 혈이고, 그래서 개인의 욕심으로는 감당할 수 없는 자리라고 볼 수 있다'는 말이 더욱 설득력을 얻는 시대가 아닐까.

조선 초기의 문신 권극화의 시에 '땅은 바다 어귀 봉수 가까이 잇닿았고, 성은 산기슭 거친 곳에 잇닿았네' 했던 곳이 무안이다. 서해랑길은 복룡리로 이어진다. 지형에 용이 엎드린 형국이라서 복룡이라는 이름을 얻은 복룡리에는 옛날 망을 보았다는 망밋재가 있고, 국수댕잇재, 배바웃재, 싯갯재 등 재들이 많다. 비산비야인데도 이렇게 재, 즉 고개가 많은 것은 사람들의 삶이 고달팠다는 것을 유추할 수 있다. 복룡 마을회관을 지나 자산천을 만나고 도림천을 건너는데, 승달산에서 발원한 청계천이 이곳에서 합류하기 때문에 이곳을 두물머리, 양수리라고도 부른다.

조그만 샘에서부터 시작된 강이 흐르고 흘러 이렇게 두물머리를 이루고, 다시 흐르고 흘러 바다로 간다. 도림천에는 몇 마리의 가마우지들과 오리들이 떼를 지어 노닐고, 강폭이 좁아지는 데까지 걷다가 보니 무안군 청계면복합센터에 이른다. 청계면은 승달산의 서쪽이 되기 때문에 일서면이라고 하다가 1914년에 청계면으로 바뀌었다.

부용리 정류장에서 길은 강정마을로 이어진다. 무안군 청계면의 강정마을은 1914년에 태천과 개꼬리마을을 합해서 강정이라 했는데, 개꼬리라는 이름은 뒷산이 개의 꼬리처럼 생겨서 지은 이름이다.

강정마을에도 봄이 오는지 산수유가 활짝 피었다. 산을 넘고 방파제를 지나자 멀리 톱머리해수욕장이 보이고, 하늘이 어두워서 바다도 쓸쓸하다. 톱머리해수욕장은 망운면 피서리에 있는데, 조수간만의 차가 심하여 간조에 펼쳐지는 넓은 갯벌이 장관이며 등대 모양이 기이하다. 먼 데서 볼 때는 무안공항이 있기 때문에 비행기 형태와 같았는데, 가까이서 볼 때는 매미 같기도 하고, 더 가까이 가자 물고기 같은 형태다.

톱머리해수욕장

마르탱빌의 두 종탑이 하늘 쪽으로 솟아 있었다. 오래지 않아 우리는 그 종탑이 셋이 되는 것을 보았다. 빙그르르르 급선회하여 그 두 종탑의 맞은편에 자리 잡으면서, 비외비크의 종탑이 뒤늦게 합쳐진 것이었다.

몇 분이 지나고 나서, 우리는 빨리 달렸는데 그래도 세 종탑은 여전히 우리 앞쪽 멀리 있어 벌에 내려앉아 옴짝달싹하지 않고 햇볕에 두드러지게 나타난 세 마리의 새와 같았다.

(…)

그러다가 비외브크의 종탑이 멀어지고, 그 본디의 거리로 돌아가고, 마르탱빌의 두 종탑만이 지는 석양에 비쳐 남았는데, 그 종탑의 경사면에 석양이 미소 짓고 장난치는 것이 이렇게 먼 거리에서도 나에게 보였다.

마르셀 프루스트의『잃어버린 시간을 찾아서』의 한 소절처럼 비행기 같다가, 매미 같다가 물고기와 같은 형태로 매 순간에 변하는 등대가 지키고 있는 톱머리해수욕장은 보호림으로 지정된 해송숲과 가없이 넓은 백사장이 조화를 이루는 아름다운 해수욕장이다. 이 해수욕장의 길이는 약 2㎞쯤 되고, 폭은 약 100m에 이른다. 여름철이면 인산인해를 이루는 해수욕장은 거친 물살만 포효하고 있었다. 해안가에는 수많은 리조트가 들어서 있고, 바로 근처에 전라도에서 유일한 무안국제공항이 들어서 있다.

무안국제공항을 지나 20코스의 종점, 무안군 망운면 손현리 용동리 마을회관에 도착했다. 용동리 마을회관을 지나 운남 육교를 건너 무안군 운남면에 접어든다. 무안 두곡 고인돌군이 있는 두곡리의 두곡교차로를 지나 동암 마을회관에 이른다. 동암은 이 마을 동쪽에 큰 바위가 있다고 하여 동암이라 했고, 이곳에 정조의 아버지인 사도세자를 모신 동암묘라는 사당이 있는데 이 사당이 세워진 이야기가 기이하다.

정조가 임금이 된 바로 그해에 이 마을의 성, 이, 박씨 세 사람의 꿈에 한 귀인이 나타났는데, 마을 앞에 배 한 척이 나타나더니 한 귀공자가 내려서 마을 뒷간으로 올라가는 것이었다. 그는 주위를 둘러보더니 그를 보러 온 마을 사람들에게 다음과 같이 말했다.

"나는 선왕의 세자이니라, 원한이 뼈에 사무친 채 나라 곳곳을 둘러보다가 이곳에 이르렀는데, 이곳 풍경이 너무 아름다워 내 영혼이 이곳에 머무르고자 하니 그리 알라."

그다음 날 마을 사람들은 전날의 꿈을 서로 이야기하고는 어떤 일이 일어날지를 예의 주시했는데, 아무런 일도 일어나지 않았다.

그런데 그날 밤 또다시 그 사람이 나타나 같은 말을 반복하는 것이 아닌가? 그다음 날 바다에 이상한 궤 하나가 떠올랐고, 그것을 사도세자의 현몽이

1 사도세자 위패 2 사도세자 사당

라고 여긴 마을 사람들이 건져 와 제단을 쌓고 모시게 된 것이 동암묘의 시작이다. 고종 때에 사도세자가 장조로 추존되면서 한때 제단을 폐했는데, 마을에 불길한 일이 계속 일어나자 사우를 세워서 다시 제사를 지내게 되었으니 그때가 고종 11년인 1874년이었다. 그 뒤 1918년에 사당을 세웠다가 1971년 현재의 모습으로 사당을 건립하여 오늘에 이르렀다.

사도세자의 자취가 남아 있는 동암 마을회관을 거쳐 영원한 바다에 섬이 있다는 이야기가 서린 영해마을에 이른다. 영해마을의 집집에는 소박한 벽화가 그려져 있고, 버스정류장에서 성내리로 향한다. 본래 무안군 망운면 지역으로, 성이 있어 성안, 성내라고 부른 77번 국도의 굴다리(성내교 고가교 밑)를 지나는데, 도로의 남쪽에는 무안군 운남면과 신안군 압해도를 잇는 김대중교가 있다. 이기촌마을을 지나 지형이 연꽃 같다는 연리의 내화 버스정류장을 지난 여정은 무안군 운남면의 운남 버스정류장에 이른다.

운남시장이 있던 운남 장터와 차 샘이 있던 참샛골, 햇빛이 잘 든다는 양곡 등의 마을을 지나며 무안군 망운면 송현리에 있는 조금나루에 이른다. 송현리는 송림이 많은 고개 밑에 있다고 해서 송현리라고 지었고, 원 송현 서남쪽에 있는 부리가 조금나루다. 원래는 조금에 한 번씩 배를 탈 수 있는 섬이었으나 지금은 육지와 연결되어 사람들이 즐겨 찾는 무안군 망운면의 조금나루는 전라남도 노지 캠핑의 명소이자 무안의 와이키키 해변으로 알려졌다. 이름은 조수 간만의 차가 가장 작은 조금에도 나룻배를 탈 수 있다고 해서 붙여졌다. 길게 이어진 백사장과 소나무숲이 울창하게 펼쳐져 있는 조금나루에는 조선 시대에 세목을 징수하여 영광목에 보내던 창고가 있었으며, 근처 섬인 선도, 고이도, 매화도 일대 사람들이 함평창과 망운장을 보기 위해 드나들었던 포구였다.

무안과 함평 일대를 거닐다 보면 가장 많이 볼 수 있는 것이 양파와 마늘밭이다. 드넓게 펼쳐진 밭에 푸른 비단처럼 자라는 저 마늘과 양파가 봄이 지나면서 우리들의 식탁에 오를 것이다.

조금나루해수욕장을 지나자 무안의 특산물인 낙지를 알리기 위해 조성한 낙지공원에 도착하여 낙지전망대에 오른다. 낙지공원 가운데에는 높이 14m의 낙지 모양 전망대가 자리하고 있으며, 전망대와 연결된 길게 뻗은 낙지다리는 미끄럼틀로 이용되고 있다. 이렇게 큰 낙지라면 무안군 관내 사람들이

1 낙지 해변 2 낙지 전망대

다 먹어도 남을 것 같다.

송정마을을 지난 서해랑길은 봉오제 버스정류장을 지나 이름이 아름다운 팔방미인 정보화마을을 벗어나 현경면으로 이어진다. 현경면은 원래 무안군 다경면이었으나 1910년에 현화와 다경의 이름을 따서 현경면으로 이름을 바꿨다. 소나무 정자가 있어서 송정이라고 지은 송정리의 상수장은 옛날에 큰 못이 있었는데, 그 못에서 용이 승천했다고 하며, 당산거리는 당산제를 지냈던 곳이다.

다시 길을 나서서 현경면 용정리에 이른다. 마을 앞에 용샘이 있으므로 용정인 이 마을의 봉대 밑에서 오류리로 넘어가는 고개가 봉오재다. 봉오재 정류장에서 현경면 오류리 홀통유원지로 서해랑길이 이어진다.

현경면 오류리는 버드나무 정자 다섯 그루가 있어서 지어진 이름인데, 신정 서쪽에 툭 튀어나온 곳이 홀통이다. 이곳에 조성된 홀통유원지는 전라남도 영광군, 무안군, 함평군 등 3군에 둘러싸인 함평만에 있는 유원지로 해변 가운데 홀로 튀어나온 뭍이 있어 홀투이라고 부르다가 한국전쟁 이후에 홀통으로 부르기 시작했다고 한다.

현경면 가입리를 지난 서해랑길은 무안군 해제면으로 이어진다. 무안군 해제면은 사면이 바다로 되었기 때문에 해제라는 이름이 붙여졌는데, 해제면 초입이 유월리 당난구지라는 마을이다. 동둥구리, 동둥구지라고도 부르는 이 마을은 어떠한 난을 당해도 인명을 구할 수 있는 자리이고, 동서 양편이 북과 같이 생겼다고 한다.

이곳에 조선 중기의 문신인 변이중의 묘소가 있다. 임진왜란 때 전라도 소모어사로 병마와 군기를 수습하고 양천에서 전공을 세운 그는 화차火車 300량을 권율에게 주어 행주대첩에 크게 기여했다. 변이중이 제조했던 화차는 조선 과학사에 있어서 큰 업적으로 평가된다. 임진왜란이 끝난 뒤 선조 33년인 1600년에 사옹원정을 지냈고, 1603년 함안군수를 지낸 뒤 1605년 벼슬을 그만두고 고향 장성에 돌아가 여생을 마쳤다. 이이와 성혼의 학통을 이어받았던 변이중을 두고 강항姜沆과 이정구李庭龜가 묘지명과 묘갈명을 지어 그의 학문과 인품 그리고 뛰어난 전략과 창의성에 찬사를 보냈다.

유월리 당난구지 남쪽에 있는 마을이 물바우라고 부르는 물암이다. 물암에서 도로를 따라 보천과 장동의 이름을 따서 지은 천장리를 지나 창매리 매당노인회관에 이른다.

창매마을 앞에는 수령 3백 년이 되었다는 팽나무가 바람결에 이 마을의 역사를 전해 주고, 24번 국도를 지나자 황토골 휴게소에 이른다. 해뜰목 펜션 민박에서 바닷가의 큰부수막들방조제를 지나 나지막한 고개를 넘자 해제면 양월리 명암마을에 이른다. 밤섬이라고 부르는 이 섬은 율도라고도 하는데, 만조가 되면 밤과 같은 형국이라고 한다. 이곳 해제면 양월리에서 신안군 지도읍 자동리를 연결하는 해제지도연육교를 건너자 신안군에 이른다.

# 천사(1,004)의 섬, 신안의 섬들을 걷다

신안군 지도읍 자동리는 산등성이 동쪽에 생긴 마을이라고 지어진 이름이다. 진밴이라고도 부르는 진변의 경로당을 지나 남쪽으로 난 방조제를 따라 걷는다. 커다란 풍력발전기가 눈앞에 등장하고 봉황산, 선황산 등 지도의 산들이 보인다.

길고 긴 임도를 벗어나면 신안 젓갈타운에 이른다. 신안 젓갈타운은 신안의 대표 상품인 소금과 젓갈류를 알리기 위해 만든 곳으로 젓갈타운 남쪽에 있는 섬이 거북섬이다. 신안의 명물인 농게 조형물 옆에 신안갯벌이 유네스코에 등재된 것을 기념하는 표지석이 세워져 있다. 나지막한 산과 푸른 바다, 이곳이 바로 우리나라 안에 섬이 가장 많은 '천사의 섬' 신안군이라는 것을 실감한다.

목포와 무안 앞바다의 섬들로 이루어진 군이 신안군이다. 신안군이라는 이름이 등장한 것은 오래전 일이 아니다. 지금의 신안군 일대의 섬들은 나주목에 속해 있었는데, 고종 때인 1896년에 영광의 낙월도 일대 칠산의 16개 섬

과 고군산과 만경현의 섬들을 합해 지도군으로 만들었다. 1914년에 무안군에 소속되었다가 1969년 1월 1일 무안군에 속해 있던 지도, 임자, 자은, 비금, 도초, 흑산, 하의, 장산, 암좌, 암태, 압해의 11개 면을 떼어 내서 신안군을 새로 설치했다. 유인도 111개와 무인도 719개로 이루어지는 신안군의 섬을 천사의 섬으로 명명한 것은 그만큼 섬이 많다는 것이고, 달리 말하면 아름답다는 것이다.

이 많은 섬 중 흑산도의 파시는 우리나라의 3대 파시, 즉 흑산도, 위도, 연평도의 조기 파시 중 제일 남쪽에 있는 곳이다. 파시는 성어기에 어항에서 열리는 생선 시장, 넓은 의미로는 해상에서 열리는 어시장뿐 아니라 연안의 육지 시장까지도 포함한다. 파시에서는 어선과 상선 사이에 또는 어업자와 어부들 간에 매매가 이루어지기도 한다. 『세종실록』과 『신증동국여지승람』에는 매년 봄에 열리는 파시의 광경을 묘사한 기록이 있으며, 칠산해七山海의 칠산도는 조기의 어획장으로 성어기에 파시가 형성된다고 기록되어 있다. 그러나 오늘날에는 그동안의 남획으로 인해 서해안으로 회유하는 조기가 적어짐에 따라 파시가 거의 사라졌다.

신안군 지도면은 본래 나주목에 딸린 섬이었다가 고종 때인 1896년에 지도군으로 승격되면서 군내면이 되었다. 그 뒤 1914년에 지도군이 폐지되면서 무안군으로 편입되었다가 1969년 신안군이 신설되면서 신안군에 편입되었다. 지도읍 읍내리에서 다리를 건너면 송도라고 불리는 솔섬에 이르고, 송도 선착장을 지나서 사옥대교라고도 부르는 지도대교를 건너면 사옥도의 탄동리에 이른다. 원래 지도군 사옥면 지역으로 앞에 있는 개가 여울져 흐르므로 열개 또는 탄포, 탄동이라고 불렀던 탄동리에는 읍내리에 지도병영이 있을 때 관선 제작과 수리를 했던 관선기미가 있었고, 장사가 손을 짚었다는 장사바우 그리고 증도로 가는 지싱개 나루가 있었다. 사옥도를 지난 서해랑길은 2010년 3월에 개통된 증도대교를 건넌다.

신안군의 보물섬 '증도'는 때 묻지 않은 천혜의 자연환경을 갖춘 섬으로

1 태평염전 2 증도 소금박물관

2007년 12월 1일에 아시아에서는 최초로 슬로시티로 지정된 곳이다.

천사의 섬, 아름다운 섬으로 사람들의 입소문을 타면서 알려진 증도의 명물은 선착장 바로 옆에 있는 태평염전이다. 증도에 있는 태평염전은 1953년 6.25 전쟁 이후 피난민들을 정착시키고 소금 생산을 늘리기 위하여 조성한 염전이다. 『대동여지도』의 기록을 보면 증도는 '전 증도'와 '후 증도'로 나뉘어 있어서 바닷물이 빠지면 징검다리로 건너다녔는데, 두 섬 사이를 둑으로 연결하면서 하나의 섬이 되었고, 그때 형성된 간척지에 태평염전이 조성된 것이다.

염전을 조성한 뒤 1953년 정부에서 민간사업자인 척방산업(주)에게 영업권을 넘겨주었고, 1963년부터 대평염업(주)이 운영하다가 문을 닫았다. 그 뒤 1985년에 태평염업사가 이 염전을 인수한 뒤 태평염전으로 상호를 변경하여 지금에 이르고 있다. 매년 15,000t의 천일염을 생산하는 우리나라 최고의 소금 생산지인 태평염전은 단일 염전으로는 전국 최대의 크기인 462만㎡로, 여의도의 2배 규모다.

소금밭은 67개로 나뉘어 있으며, 이에 딸린 67동의 소금창고가 3㎞에 걸쳐 길게 늘어서 있다. 1953년 염전을 조성할 때 함께 지었던 석조石造 소금창고는 남한에서 알려진 석조 소금창고로는 유일한 것이라서 2007년 일부를 개조하여 소금박물관으로 개관했고, 염전과 함께 국가등록문화재로 지정되었다.

이 증도에서 놓치고 가면 서운한 명소가 대축리와 방축리를 연결하는 증도의 명물 짱뚱어다리다. 짱뚱어는 청정 갯벌에서만 살 수 있는 고기로 이곳 갯벌에 짱뚱어가 매우 많이 살고 있다. 다리의 교각을 짱뚱어가 뛰어가는 영상으로 만들면서 그 이름을 '짱뚱어다리'라고 지은 것이다. 이 다리는 갯벌 위에 떠 있는 470m의 목교로 갯벌 생물을 관찰할 수 있도록 조성되었다. 일몰이 아름답기로 소문난 짱뚱어다리를 지난 서해랑길의 여정은 우전해수욕장에 이른다.

살다가 보면 숨이 멎을 듯한 그런 순간이 있다. 상상하지 못했던 아름다움을 보고도 그런 순간을 맛볼 수 있지만, 어떤 절대적인 것 앞에서 그때까지 견지해 왔던 모든 것이 허물어져 버리듯 무너져 내리는 감정을 맛볼 때가 있다. 이게 아닌데, 하는 마음은 마음뿐이고, 몸과 마음이 분리된 듯한 그 시간이 한참 지나간 뒤에야 내가 나를 되찾는 그런 시간 말이다. 그런 시간에는 바라보는 모든 사물이 춤을 추고 마음 깊은 곳에서 시작된 작은 진동이 모리스 라벨Maurice Ravel(1875~1937)의 〈볼레로Bolero〉처럼 점점 더 부풀어 오르는 것 같다. 그러한 찰나의 감동을 아름답고 섬세하게 묘사한 사람이 프랑스의 철학자인 장 그르니에였다.

> 찰나의 한순간이 지난 다음에 내가 나 자신보다도 더 깊숙이 자리 잡은 그 존재의 내면으로 또다시 달려가지 않을 수 있겠는가?
> 바다 위를 하염없이 떠도는 꽃들이여, 거의 잊어버리고 있을 때쯤에야 다시 나타나는 꽃들이여, 해조들이여, 시체들이여, 잠든 갈매기들이여, 뱃머리에서 떨어져 나오는 그대들이여, 아, 나의 행운의 섬들이

> 여! 아침의 충격들이여, 저녁의 희망들이여, 내가 또한 그대들을 언제 다시 볼 수 있으려나? 오직 그대들만이 나를 나 자신으로부터 벗어나게 해 주는구나. 그대들 속에서만 나는 나를 알아볼 수 있었으니, 티 없는 거울이여, 빛없는 하늘이여, 대상 없는 사랑이여(…)
> 그 순간(오직 그 순간에만), 내 발과 땅, 내 눈의 빛의 끈끈한 결합을 통해서 나는 나를 받아들였다.(…)
> '그렇다'라고, 그 감각적인 세계가 한갓 겉으로만 보이는 얇은 천 조각에 지나지 않을 뿐이고, 밤이면 우리가 갈기갈기 찢어 버리고 우리의 고통이 헛되이 말끔히 쓸어 버리려고 애쓰는 변화무쌍한 악몽의 베일일 뿐이라고 해도, 그 때문에 가장 먼저 고통을 받는 어떤 사람들이 그 베일을 다시 만들고 그 겉모습을 다시 일으켜 세우며 우주적인 삶을 다시 도약시키려 한다고 나는 생각하고 있었다.
> 만일 그러한 일상적 삶에서의 열정이 없다면, 우주적 삶은 어느 곳에서인가 바짝 마르게 될 것이다. 마치 어느 황량한 벌판에서 그 줄기가 영영 사라져 버리는 샘물처럼.

장 그르니에의 『섬』 중 '행운의 섬'의 일부분이다. 그는 이 순간을 '단순하고도 영원한 어떤 상태'라고 서술했는데, 그때가 바로 영원 속에 자리한 가장 순수한 시간이자, 시간이 일순간에 멎는 그런 순간이다. 스스로가 우주에서 전체가 되기도 하고 바람 앞에 불려 가는 나뭇잎같이 가볍고, 하찮은 존재로 환원되기도 하는 시간이다.

'찰나의 한순간이 영원한 우주와도 같다'고 말할 수 있는, 그러한 시간을 신안의 증도 우전해수욕장을 천천히 거닐며 온몸으로 느꼈다. 그렇다. 살아가면서 어떤 경관이나 사물, 사람들을 만날 때 그런 순간을 맛볼 수 있다는 것,

그것이 바로 인간의 지고한 행운이 아닐까?

백사장 길이가 4km에 이르고, 너비가 100m인 우전해수욕장을 빛내 주는 솔바람 소리를 들으며 걷다 보면 만나는 곳이 엘도라도 리조트이다. 아름다운 풍경을 마음 놓고 바라볼 수 있는 엘도라도에서 하룻밤을 머물며 '엘도라도에서 듣는 바람 소리'라는 제목의 어쭙잖은 글을 지었다.

바람은 저녁 내내 영혼을 뒤흔들고 있었다. 그러나 사실은 시간을 거슬러 올라가 신안 천사의 섬에 들어가기 전부터, 아니 아침에 일어나 창문을 열기 전부터 바람은 이미 내 가슴을 점령하고 속속들이 스며들어 소리치고 있었다.

철썩철썩 부딪치며 포효하는 저 소리. 한시도, 아니 단 한순간도 그

우전해수욕장

치지 않고 외치는 소리.

"나는 살아 있다, 살아 있다" 그 말이 아닐까? 엘도라도라고 이름 지은 신안의 섬. 천사의 섬에서 꿈꾸며 기다리는 이상은 아직도 요원하고 나의 발은 또 어디로 이어질지.

엘도라도에서 하룻밤을 보내고 아침에 일어나 증도의 해송숲과 해변 길을 천천히 걸어갔다. 어디에서부터 시작되었는지 알 수 없는 거센 파도가 끝없이 밀려오고 또 밀려오며 무수히 탄생하고 소멸되는 물거품들을 바라보는 그 시간 속에서 부처님 말씀을 떠올렸다.

"걷는 것 자체가 하나의 가르침이다. 언제나 한겨울 개울물 속으로 걸어 들어가듯 걸으라. 물이 아주 차갑기 때문에 아주 천천히 깨어서 걸어야 한다.
물살이 아주 빠르기 때문에 정신을 바짝 차려야 한다. 개울의 돌에 미끄러질 수 있기 때문에 한 발 한 발 지켜보아야 한다."

증도갯벌생태공원을 답사하고 짱뚱어다리를 건너 증도면사무소에 닿는다. 지금은 나라 안의 유명관광지로 널리 알려진 증도는 조선 후기에 영광군 지도군 사옥면의 지역으로 군 산천인 증도 동쪽이 되므로 증동, 진동이라고 불렸다. 1895년에 지도군에 편입되었고, 1964년에 지도면 증도출장소가 되었다가 1983년에 증도면으로 승격된 것이다. 증도에 실재했던 옛 지명이 『한국지명총람』에는 다음과 같이 실려 있다.

가람구지, 적굴 북쪽에 있는 굴.

적굴, 광암 북쪽에 있는 골짜기로 절이 있었다.

소두랑 섬, 광암 북쪽에 있는 섬으로 소두랑을 엎어 놓은 것처럼 생겼다.

딴섬, 곡도 남쪽에 외따로 있는 섬.

굽은 개, 구분포 앞에 있던 개, 구부정하게 돌려 있음.

대삽재, 광암 북쪽에 있는 고개로 대숲이 있었음.

솔등, 증동 동남쪽에 있는 등성이로 소나무가 줄지어 서 있다.

수리집이 많았다던 수리집골은 이름으로만 남아 있을 뿐이다.

증도면사무소에서 다시 시작된 서해랑길은 증도의 서북쪽 해안가를 따라 걷는 길로 이어지다가 상정봉(127m)으로 오르는 산길이 시작된다. 한반도 해송숲은 숲의 전체 모양이 한반도 지형을 닮았다고 해서 지어진 이름이다.

산에서 내려온 서해랑길은 검산마을로 이어지고, 그곳에 보물섬 선박모형건축물과 신안해저유물발굴기념비가 서 있다. 1976년 봄 전라남도 신안군 증도면 도덕도道德島 북방 2㎞의 해저에서 조업 중이던 어선의 그물에 수 점의 도자기가 걸려 인양되면서 조사에 착수하게 되었다. 그해 10월과 11월에 사이에 실시된 제1·2차의 예비적인 조사에서 약 5,000점의 송·원대 도자기들이 발굴됨으로써 국내외 학계의 비상한 관심을 끌었고, 본격적인 발굴계획이 추진되었다.

몇 년에 걸쳐 여러 차례의 발굴을 계속한 뒤 1982년에는 이 유물들을 적재해 온 운송선을 해체 인양했다. 1983년 10월에 마지막으로 선저의 용골이 인양되었는데, 청자와 백자 그리고 동전을 비롯한 유물 2,200점이 이곳 해저에서 쏟아져 나왔다. 바다 깊은 곳에 영원처럼 숨어 있던 보물들이 짠, 하고 우리 앞

에 나타났는데, 역사는 우연과 필연 사이에 숨겨져 있는 운명일지도 모르겠다.

낙조전망대를 거쳐 구분포저수지를 지나 증도관광안내소를 지나 다시 증도대교를 건너고 지도대교와 송도교를 건너면 지도면 읍내리에 이른다. 지도군 군내면의 지역으로 지도군청이 있었던 이곳에는 지금도 그 당시의 관청 터가 옛 이름으로 오롯이 남아 있다. 관가 새미(읍내 북쪽에 있는 우물로 관가에서 길어다 먹었음), 부민헌 터(지도군의 동헌이 있었던 곳), 망화관 터(지도군의 객사가 있었던 곳), 사직단 터, 순검정 터, 여단 터, 지도군의 감옥이 있던 옥 터 등이 있고, 지도영 터도 있다. 숙종 8년인 1682년에는 영을 세우고 수군만호, 감목관, 사복시의 별장을 겸임하게 했다. 1896년에 세운 지도향교가 남아 있는 읍내리를 뒤로하고 여정은 감정리 점암선착장으로 향한다.

감정골이라고 부른 감정리의 점암마을은 자바우 또는 저마바우라는 바위가 있어서 생긴 이름인데, 그곳에 있는 점암선착장은 자그마하다. 이곳 감정리 앞바다의 윤남기 또는 고목포라고 부르는 섬은 옛날 남해에서 서울로 오가는 배들이 머물던 섬이었다.

서해랑길은 지도읍 봉리를 지나 참도선착장에 이른다. 이곳 선착장에서는 건너편에 보이는 큰 포작도와 작은 포작도 그리고 어의도를 오가는 배가 출항한다. 조선 시대에 원집이 있었던 원골 동북쪽에 있는 참섬은 예전에 서울을 오가던 뱃사람들이 쉬어 갔다는 곳이다. 지도면 지역으로 남구지 안쪽이라서 내양리라고 이름 지은 내양방조제를 지나며 신안군에 작별을 고한다.

바다를 건너고, 다리를 건너는 바닷가 길을 걸으며 풍수지리학의 원조인 일행 선사의 말 한마디를 떠올린다.

> "천하를 편력하려거든 산을 넘고 물을 건너는 수고를 마다하지 말라."

옛사람들의 말과 같이 천하를 편력하기에 알맞은 지역이 다리가 많고 섬이 많은 신안군이다.

다시 무안군 해제면 임수리의 수포마을에 도착한다. 집마다 생수가 잘 나서 수포라는 이름이 붙은 수포 마을회관을 지나 백학산 임도 입구에 이르고 해제면 덕산리 슬산마을의 슬산제를 지난다. 덕림 서쪽에 있는 이 마을의 뒷산이 옥녀봉이고, 앞산을 비파라고 하는데, '산' 자와 비파 '슬' 자를 따서 슬산이라고 지었다는 것이다.

해제면 양매리의 상감원은 포전들 동남쪽에 있는 제방으로 코끼리를 닮아서 지은 이름인데, 이곳 매곡마을에 있는 삼강공원은 병자호란 때의 충신인 광산 김씨 김득남의 후손들이 그의 업적을 기리기 위해 만든 공원이다. 그는 병자호란 때 한양에서 강화도로 가는 길목인 부평에서 청나라 군사와 싸우다가 장렬하게 전사했다. 만풍리와 송계와 입석의 이름을 따서 지은 송석리를 지난 여정이 전남 무안군 해세면과 영광군 염산면을 잇는 칠산대교 아래에 자리 잡은 도리포道理浦를 지난다. 이름이 좋다.

도리, 사람이 마땅히 향해야 할 바른길. 바른길을 제시하는 포구라니, 나도 저 포구에서 한참을 머물면서 그 도리를 배워서 떠나야겠다. '한글학회'에서 펴낸『한국지명총람』에 '송계 북쪽에 있는 마을, 도림야라는 들이 있고, 해안 지대가 되어 수심이 깊고 배가 많이 왕래하는 포구가 있음'이라고 실려 있는 포구가 도리포. 이 포구 인근에서 1995년 10월 청자 대접 등 유물이 발견된 이후 고려 시대 상감청자 639점이 발견되어 전라남도 사적으로 지정되었다.

망대봉, 범바위산을 지나면 삼복산 등산로 입구를 거쳐 만풍리를 지나 무안황토갯벌랜드에 이른다. 이곳은 자연 침식된 황토와 모래로 형성된 무안 갯벌을 보전하고 알리기 위한 해양환경교육장이다. 전국 최초로 지정된 습지 보호구역이며 람사르 습지로 등록된 무안생태갯벌센터인 이곳에는 생태체험학

습관과 갯벌체험학습관 그리고 분재 테마전시관과 분재 전시실 등 볼거리들이 있다.

마산 마을회관과 수양나무가 많아서 지은 이름인 수양리 석북 마을회관을 지난 여정은 옛날 큰 못이 있었는데, 그 못에서 용이 승천했다는 전설이 남아 있다. 무안군 현경면 상수장 3번 버스정류장에 도착한다. 하수장마을 정류장을 지나서 목동 교차로를 지나고, 매부리마을을 지나서 평산 신씨가 터를 잡고 살았다는 현경면 평산리의 유수정 마을회관에 이른다.

현경면 현화리의 외현화, 내현화마을을 지나자 현경면 해운리에 있는 파도목장에 이르고, 해운천을 지나자 함평이다.

# 함평천지를 부르며 걷는 서해랑길

소리꾼 임방울이 즐겨 부르던 〈호남가〉 첫머리에서 '함평천시咸平天地 늙은 몸이 광주光州 고향故鄕을 보랴 하고 제주어선濟州漁船 빌려 타고 해남海南으로 건너갈제'로 소개되는 함평을 조선 초기의 문신 정인지는 "함평은 바다 곁에 있으므로 경비가 해이하지 않고, 토지가 비옥하므로 백성이 많으니 반드시 문무를 겸비한 인재라야 비로소 수령이 될 수 있다"라고 했다. 인접한 무안과 더불어 전국에 널리 알려진 양파 재배 단지이면서 고구마의 산지인 함평은 쌀이 좋기로도 유명하다. '함평 쌀밥을 먹은 사람은 상여가 더 무겁다'거나 '손불면 일대에서 나온 쌀은 경기도 이천 쌀과 안 바꾼다'는 말은 함평 쌀이 그만큼 우수하다는 것을 입증하는데, 1906년에 발행된 『함평군지』에 따르면 이 지방에서 나는 햅쌀, 보리, 밀 등을 왕실에 진상했다고 한다.

옛 이름이 함풍현咸豊縣이고 백제 때 굴내현屈乃縣이었던 함평은 여러 이름으로 불리다가 조선 태종 9년에 현재의 이름으로 바뀌었다. 북쪽으로 모악산, 불갑산, 군유산 등이 있고 박봉산, 고산봉 등의 나지막한 산들이 솟아 있는 이

咸平天地

곳에 월야평야와 학다리평야가 펼쳐져 있으며 함평천, 고막천 등이 흐른다.

함평은 지방자치단체의 축제 중 가장 성공적이라는 나비 축제와 가을에 용천사 일대에 피는 상사화 축제로 성가를 올리고 있다. 조계생이 "샘 맑고 대나무 길고 바다와 산은 깊은데, 성 곁의 인가는 숲에 반쯤 가렸네"라고 했고, "어지러운 봉우리 부른 곳에 해운이 짙고, 가을빛 멀리 푸르러 저녁 숲에 붙었네"라고 김유가 노래한 고을이 바로 함평이다.

후동마을을 지나자 함평군 함평읍 석성리에 이른다. 석성리는 석두와 성덕의 이름을 따서 지은 이름으로 석두 또는 돌머리해변이라고 부른다. 작지만 아늑한 포구 주포항에서 바라보는 주포만을 넘어 손불면 일대가 한눈에 보이는 길을 걸어서 구주포라고 불리는 사랑개마을에 도착했다. 돌머리 동북쪽에 있는 마을로 술집이 많이 있어서 수랑개라고 부르는 주포 한옥마을 입구를 지나자 손불면의 함평해안도로에 있는 함평해수욕장과 안악해변을 지난다. 안악해변에는 농어촌활성화사업으로 조성된 '화이트정원'이 있어서 나그네들의 눈길을 사로잡는다.

억새 종류인 팜파스그라스와 핑크뮬리가 해변을 수놓은 월천리의 안악마을에 이른다. 『한국지명총람』에는 '백옥 서쪽에 있는 마을 평사낙안형의 명

당이 있다고 함'이라고 실려 있는데, 이 마을 어디쯤이 그토록 좋은 평사낙안형의 명당일까? 안악해변을 지나서 걷다가 보니 함평읍 학산리에 이른다. 평산교를 지난 서해랑길은 세곡, 새마을을 지나 지호 북쪽에 있는 해은마을을 지나며 함평 땅을 벗어나 영광군에 접어들었다.

# 칠산바다를 보며
# 영광의 백수해안도로를 걷다

칠산대교

인간의 역사는 발걸음의 역사다.

맞는 말이다. 한 걸음 한 걸음을 아픈 다리 이끌고 백 리, 천 리를 걸어간다. 붓다도 말했지 않았는가.

"나는 수천 리 흰 구름의 길을 가노라."

해남의 땅끝에서 강화까지 가는 길이 오천 리가 넘으니, 긴 그림자 드리우고 걷는 내 발걸음 역시 역사다.

영광군 염산면 향화로에 칠산타워가 있다. 이 타워는 전남에서 가장 높은 110m의 전망대로 영광군 11개 읍면이 하나로 화합한다는 의미를 지니고 있으며, 타워에 오르면 칠산바다가 한눈에 조망된다.

## 영광의 항구 설도항에서 설도를 회상하다

무안군 해제면과 염산면을 연결하는 칠산대교를 바라보며 걷는 바다에 쥐섬이 그림처럼 보이고, 신도 젓갈타운을 지나자 영광군 염산면 봉남리의 눈섬이라고 부르는 설도항에 이른다. 한 발 한 발 걸어서 도착한 설도는 동촌 동남쪽에 있는 섬인 눈섬에서 따온 이름이다.

설도라는 이름의 아름다운 항구에서 1,300여 년 전 당나라에 살았던 설도라는 여인을 회상한다.

(一)

꽃 피어도 함께 즐길 이 없고(화개불동상, 花開不同賞)

꽃 져도 함께 슬퍼할 이 없네(화락불동비, 花落不同悲)
묻노니 그대는 어디에 계신고(욕문상사처, 欲問想思處)
때맞춰 꽃들만 피고 지네(화개화락시, 花開花落時)

(二)
풀을 따서 한마음으로 맺어(람초결동심, 攬草結同心)
지음의 임에게 보내려 하는데(장이유지음, 將以遺知音)
봄 시름 정녕 끊으려 해도(춘수정단절, 春愁正斷絶)
새들은 다시 와 애달피 우네(춘조복애음, 春鳥復哀吟)

(三)
꽃잎은 하염없이 바람에 지고(풍화일장로, 風花日將老)
만날 날은 아득타 기약이 없네(가기유묘묘, 佳期猶渺渺)
무어라 맘과 맘은 맺지 못하고(불결동심인, 不結同心人)
한갓되이 풀잎만 맺으려는고(공결동심초, 空結同心草)

(四)
어찌 견디리 가지 가득 핀 저 꽃(나감화만지, 那堪花滿枝)
괴로워라 사모하는 마음이여(번작양상사, 煩作兩相思)
눈물이 주루룩 아침 거울에 떨어지네(옥저수조경, 玉箸垂朝鏡)
봄바람은 아는지 모르는지(춘풍지불지, 春風知不知)

당나라 때 이름을 날린 설도薛濤란 여류 시인(기생이었다고 함)의「봄을 바라보며(춘망사, 春望詞)」라는 시 4수를 김소월의 스승인 김억金億이 번역하고 김성태가 부른 〈동심초〉라는 노래다.

꽃잎은 하염없이 바람에 지고
만날 날은 아득타 기약이 없네
무어라 맘과 맘은 맺지 못하고
한갓되이 풀잎만 맺으려는고
한갓되이 풀잎만 맺으려는고

바람에 꽃이 지니 세월 덧없어
만날 길은 뜬구름 기약이 없네
무어라 맘과 맘은 맺지 못하고
한갓되이 풀잎만 맺으려는고
한갓되이 풀잎만 맺으려는고

애달프고 아름다운 노래 〈동심초〉를 강혜정의 목소리로 다시 들으며 걷는 서해랑길의 설도항은 이 지역에서 많이 생산되는 소금과 더불어 천일염으로 만드는 젓갈이 이름나서 '설도항 젓갈타운'으로 알려져 있다.

설도항의 아침. 밤새워 잡아 온 멸치와 새우를 선별하는 사람들의 손놀림이 부산하고, 행여 먹을 것을 고대하는 갈매기들은 끼룩끼룩 날아오른다. 잠시 머물다가 떠나는 설도에 다시 와서 〈동심초〉를 부를 날이 언제쯤일까?

설도항을 지나면서 만나는 염산면 봉남리에 있는 둑인 합산제는 1932년에 조개섬 앞에 있는 들에 진촌 농장을 가지고 있던 일본인 진촌津村이라는 사람이 만들었다는데, 오랜 세월이 지난 뒤에도 그의 이름이 회자되고 있다.

서해랑길은 대흥염전으로 이어지고, 다시 염산면 상계리의 염창 터로 이어진 이곳은 나라에 바칠 소금을 저장해 두는 염창이 있어서 염창 터인데, 그 소금을 만들었던 사람들은 누구였을까?

삼성염전 정류장을 지나서 합산 버스정류장을 출발하여 해안을 따라 걷다가 보니 삼성염전에 이르고, 뒷산(79.3m) 전망대에서 멀리 칠산바다가 한눈에 들어온다.

영광군 염산면을 지난 서해랑길은 백수읍에 접어든다. 백수읍 하사리의 하사는 장강이 아래쪽에 되므로 하촌이라 했다. 하사6구 버스정류장에 이른다. 상사리와 하사리 사이에는 풍목새 또는 시모래, 유사, 세사라는 이름의 모래 등성이가 있는데, 바람에 따라 모래가 산처럼 쌓였다가 없어지고, 없어졌다가 다시 쌓이는 곳이라 '영광팔괴' 중 하나로 꼽히고 있다. 또 하나가 췻재 남쪽에 있는 용왕구미라는 곳이다. 췻재 남쪽에 있는 구미진들은 영광 '삼두구미' 중의 하나로 용이 올라갔다고 하여 용왕제를 지내던 곳이다.

이곳 백수읍 하사리와 염산면 축동, 신성, 송암, 두우리 일원에 영광 풍력발전소가 준공식을 가진 것은 2019년 4월 4일이었다. 육상풍력과 해상풍력이 함께 어우러진 복합 풍력단지는 국내에서 첫 사례였는데, 그때 당시 풍력 터빈 수는 모두 35기였다. 육상이 17기에 산지 3기 그리고 해상이 15기였는데, 2024년 4월 말에 걸으면서 장상수 도반이 헤아려 보니 80여 기에 이른다고 하

며 국내에서 두 번째로 큰 풍력발전이라고 하는데, 확실하지는 않다. 8~9년 전에 실크로드 답사 시에 사막 가운데, 수만 개의 풍력발전이 들어선 것을 보고 놀랐던 터라 크게 놀랍지는 않았지만, 우뚝우뚝 서 있는 풍력발전소가 이색적이라 사진작가들이 많이 찾는 곳이라 한다.

멀고도 먼 길에 큰 전봇대처럼 서 있는 풍력발전 터빈을 바라보며 걷다가 보니 복수동 등소공원과 서해특산시험장 입구를 지나고 백수읍 홍곡리 답동 버스정류장에 이른다.

동백마을과 반암마을의 이름을 따서 지은 백수읍 백암리의 백암해안전망대를 지나서 가는 해안길이 백수해안도로다. 이 도로는 영광군 백수읍 백암리 석구미마을에서 길용리까지 16.8km에 달하는 해안도로다. 기암괴석과 광활하게 펼쳐진 갯벌 그리고 서해로 지는 노을이 아름답기 이를 데 없는 서해안의 대표적인 드라이브 코스다. 해안도로 아래에는 목재 데크 산책로가 조성되어 있어서 2006년 건설교통부의 '한국의 아름다운 길 100선'에 들었고, 2011년 국토해양부의 제1회 대한민국 자연경관대상 최우수상을 받기도 했다.

나라 안에서 유일한 노을전시관을 비롯하여 다양한 펜션과 음식점 등이 갖추어져 있는 백수해안도로 길에서 맞는 노을은 말 그대로 장관이다.

"노을이 잿빛으로 타 버린 것은 그리움 때문이다."

모리스라는 시인은 그리움을 이렇게 노래했는데, 차비가 없어서 걸어가는 나그네들에게도 저녁노을은 그리움을 넘어서는 상념을 주기 때문에 아픈 다리가 더 아파서 가만히 주저앉아 더불어 노을이 되기도 한다.

백수읍 백암리는 영광군 봉산면 지역으로 1914년에 동백과 반암의 이름을 따서 지은 이름이고 백수해안도로는 백암리 답동마을 버스정류장에서부터 시작된다. 본래의 서해랑길은 봉화봉 자락을 따라 걷는 길이지만, 백수해안도로를 택한다. 이 도로를 걸어가면서 볼 것들이 잘 차린 밥상처럼 훌륭하

기 때문이다.

백암해안전망대에서 가없이 펼쳐진 바다를 보며 알베르 카뮈의『티파사의 혼례』몇 구절을 떠올린다.

> 아침 태양 아래 커다란 행복이 하늘 가운데서 흔들거린다. (…) 나는 여기서 소위 영광이 무엇인지 이해한다. ―그것은 무한히 사랑하는 권리를 뜻한다― 세상엔 단 하나의 사랑밖에 존재하지 않는다. (…) 이 삶을 사랑하며 그것을 자유롭게 말하고 싶다.
> 그렇지만 사람들이 흔히 이야기하듯이 뽐낼 필요는 없다. 만약 뽐낼 것이 있다면 그것은 이 태양, 이 바다, 젊음으로 고동치는 이 가슴, 소금 냄새나는 이 육신, 애정과 영광이 황색과 적색으로 융합되는 이 무한대한 풍경이다.

백수해안도로가 시작되는 이곳의 지명들이 재미있다. 해안도로 초입의 석구미는 석금이라도 부르는데, 석구미 앞에 있는 개로 한선구미라고 부른다. 고두섬은 까자골 북쪽에 있는 작은 섬으로 동그랗게 생겼고, 나드리마을은 진동 동남쪽에 있는 마을로 바다로 나가는 길목이라서 붙여진 이름이다.

양반바위는 밤암 앞에 있는 바위고, 석구미 동쪽에 있는 되노리라는 마을은 큰물 또는 호전이라고 부르는데, 되놈(중국인)에게 조공하러 가는 배가 머물러 갔다는 곳이다. 기록에 보면 삼국 시대부터 중국에 조공했는데, 삼국 중 고구려가 가장 많이 조공을 했고 그 조공이 고려, 조선에서 송, 원, 명나라로 계속 이어지면서 서해 남단 영광에까지 조공 흔적이 남게 된 것이다.

백암리의 돈백구미라고 부르는 동백마을은 백암리에서 가장 큰 마을이고, 비둘기바위 남서쪽에 있는 도깨비 둠벙은 날이 궂으면 도깨비들이 보인다는 둠벙이다. 답동 서남쪽에 있는 해수 둠벙은 음력 4월부터 단오까지와 9월 한 달 동안 많은 사람이 와서 해수욕을 하는데, 약쑥과 불에 담근 돌을 둠벙에 넣고 들어가서 해수 찜질을 했다는 곳이다.

이 해안도로에는 정유재란 때 열부들의 순절비가 있다. 정유재란이 일어났을 때 함평군 월야면 월악리에 거주하던 동래 정씨와 진주 정씨 문중의 열두 부인이 왜란을 피해 백수읍 묵방포로 피신을 왔다. 그때 적의 배를 만나자 굴욕을 당하는 것보다는 죽는 것이 나을 것이라며 묵방포 앞 칠산바다에 몸을 던졌다. 이 사실을 알고 있던 조정에서 숙종 7년에 이곳에 순절비를 세웠다.

눈이 시리도록 아름다운 백수해안도로를 걷다가 해가 저물 때 바라보는 일몰은 말 그대로 황홀할 만큼 아름답다. 모래미해수욕장을 지나며 영광대교를 바라보고 와탄천을 따라간 영광군 백수읍 갈룡리는 원불교의 창시자인 박중빈이 태를 묻은 곳이다.

## 원불교 창시자인 박중빈이 태어난 곳

호가 소태산少太山인 박중빈의 어릴 적 이름은 진섭이고, 청년 때는 처화라 불렸다. 농부인 아버지 성삼과 어머니 유정천의 4남 1녀 중 셋째 아들로 태어났다. 그가 원불교를 창립한 이후에는 제자들이 소태산 대종사大宗師라 불렀다.

일곱 살 때부터 우주와 인생의 근본 이치에 대한 의심을 품기 시작했던 그는 20년 가까이 구도 생활을 했다. 처음에는 산신을 만나기 위한 기도를 했고 다시 도사를 만나려 고행을 계속했다. 산신이나 도사를 모두 만날 수 없게 되자 '내 이 일을 장차 어찌할꼬?' 하는 깊은 생각에 잠겨 입정삼매入定三昧에 빠지기도 했다. 스물여섯 살이 되던 해인 1916년 4월 28일 이른 새벽에 동녘 하늘이 밝아 오는 것을 보고 드디어 우주와 인생의 근본 진리를 확연히 깨치게 되었다. 그리하여 소태산은 스승의 지도 없이 스스로 깨친 진리의 경지를 다음과 같이 표현했다.

> "참으로 기쁘구나. 맑은 바람 솔솔 불어 밝은 달이 두둥실 떠오르니 우주의 삼라만상이 저절로 밝게 드러나도다."
> 淸風月上時 萬像自然明

진리를 깨친 지 몇 달 후 40여 명의 신자를 얻은 소태산은 그들 중 신심 있는 제자 아홉을 선택하여 교단의 기초공사를 시작했는데 바로 저축조합이었다.

1918년 3월에는 아홉 제자와 더불어 영산 개펄 정관평 간척을 시작했고, 1919년 4월에 간척공사를 마친 소태산은 김제 금산사를 거쳐 부안 변산의 월명암에서 10여 일 머무른 뒤 돌아왔다. 그 뒤 소태산은 변산 월명암 근처에 있

1 일원상 2 원불교 소태산 생가

는 실상사와 석두암에서 1919년 10월부터 1924년 4월까지 머물면서 새로운 불법을 제정할 준비를 서둘렀고, 변산의 초당 봉래정사(석두암)에서 처음으로 새 회상의 교강을 발표했다. 인생의 요도 사은 사요와 공부의 요도 삼학 팔조였다.

부안에 머무는 동안 수많은 제자들이 찾아왔고, 그곳이 장소가 협소했으므로 새로운 장소를 물색하기 시작했다. 1924년 5월 3일에 소태산은 전주 윤산동 전음광의 집에서 서중안 등 일곱 명의 제자와 회상창립 발기인 모집을 가졌고, 이때 원불교 총부를 설립할 장소를 물색하기 시작했다. 전주와 정읍, 김제 등이 거론되었는데, 마침내 익산 부근으로 의견이 좁혀지자 소태산이 정리했다.

"익산 부근의 토지가 광활하고 또 교통이 편리하여 무산자의 생활이며, 각각 회원들의 왕래가 편리할 듯하니 그곳으로 정함이 어떠한가?"

소태산의 말에 발기인 일동은 이의 없이 따랐고, 1924년 9월 29일 신용리 344-2번지의 대지 3,495평을 매입하여 현재 원불교 중앙총부의 터가 되었다.

## 법성포항의 영광 굴비

갈재의 서쪽에 자리한 지역이 영광, 함평, 무안이고 남쪽이 장성군과 나주시인데, 영광을 일컬어 옥당고을이라고 부른다. "아들을 낳아 원님으로 보내려면 남쪽의 옥당골이나 북쪽의 안악골로 보내라"라는 옛말에 나오는 옥당골은 지금의 영광을 말하고, 안악골은 지금의 황해도 안악군 일대를 말한다. 이런 말이 나오게 된 이유는 들이 넓을뿐더러 바다가 가까워서 바다에서 얻는 이익이 많았기 때문이다.

『택리지』에는 영광이 다음과 같이 실려 있다.

영광 법성포는 밀물 때가 되면 포구 바로 앞에까지 물이 돌아서 호수와 산이 아름답고, 민가의 집들이 빗살처럼 촘촘하여 사람들이 작은 서호西湖라고 부른다. 바다에 가까운 여러 고을은 모두 여기에다 창고를 설치하고 세미稅米를 거두었다가 배로 실어 나르는 장소로 삼았다.

법성포는 옛날 진나라의 승려 마라난타가 백제 땅에 처음 발을 들여놓은 곳이라서 남방불교의 전래지로 전해져 오고, 그런 연유로 불교 유적들이 많이 조성되어 있다.

법성포는 조선 시대에 영산포와 더불어 호남지방의 세곡을 갈무리하는 조창 기능을 했다. 그 무렵 조창의 중심 역할을 했던 나주와 영산포가 뱃길이 멀고 험하여 배가 자주 뒤집히자 중종 7년에 영산포 조창을 없애고 법성포로 옮겼다. 그때부터 법성포에는 광주, 옥과, 동복, 남평, 창평, 곡성, 화순, 순창, 담양, 정읍을 비롯한 전라도 일대 12개 고을의 토지세인 전세田稅가 들어왔다. 동헌을 비롯한 관아 건물 15채가 들어섰고, 배가 20척에서 50척까지, 전선이 22척, 수군 1,700여 명이 머물렀다.

이처럼 법성포는 동학농민운동이 일어나기 전까지는 전라도 제일의 포구였다. 고깃배 선단이 포구에 들어오면 법성포 외양에 있던 목넹기에 파시波市가 섰다. 충청도와 전라도 일대의 어물상들이 떼 지어 몰려와 북새통을 이루었고 가을 세곡을 받을 때는 큰 도회지를 연상케 했다. 그러나 이제 법성포는 회상 속에나 등장할 뿐이고, 화려했던 모습은 옛이야기 속의 한 토막이 되었다.

도온 시일러 가세에에

돈 실러으어 가으세에에

여영광에 버법성포에라 돈 시일러 가.

온 나라에 이름이 나도록 떼를 지어 몰려들었던 조기가 수심이 얕아진 후로는 가뭄에 콩 나듯 드문드문 나타나고, 다른 운송수단의 발달로 포구의 기능은 쇠퇴하고 말았다. 파시 때마다 흥청거리던 법성포의 영광은 언제 다시 올 것인지 기약이 없다.

이곳의 조기를 굴비라고 부르게 된 것은 고려 인종 때 인종의 외조부이면서 장인이었던 이자겸 때문이다. 사위를 몰아내고 스스로 임금이 되려고 했던 이자겸은 난을 일으켰다가 부하인 척준경이 배반하여 이곳 법성포로 귀양을 왔다. 그는 맛이 빼어나게 좋은 영광 굴비를 '석어'라는 이름으로 임금께 진

법성포

상했고, 그때부터 영광 굴비가 사람들에게 알려졌다. 석어라는 이름은 조기를 소금에 절여서 토굴에다 한 마리씩 돌로 눌러 놓았다가 하룻밤을 지낸 뒤에 꺼내어 말렸기 때문에 붙인 것이고, 굴비라는 이름은 비겁하게 굴하지 않겠다는 뜻에서 붙인 것이라고 한다. 나라 안에서 영광 굴비를 최고로 치는 것은 이곳에서는 통통히 알이 밴 오사리 때 조기를 잡아서 말리기 때문이다. 그리고 중요한 것은 다른 지방과 다르게 '섭 간장' 방법으로 조기를 말려 굴비를 만들기 때문이다.

알이 통통하게 밴 조기를 소금물로 씻은 다음 사흘에 걸쳐 절이는데 그때 맨 밑에다 가마니를 깔고 그 위에 조기, 소금, 조기의 순서로 차곡차곡 쟁여 놓은 다음 맨 위에 다시 가마니를 덮어 두고 묶는다. 이때 소금은 하얗고 고운 것을 써야 한다. 이렇게 사흘 동안 절여 두었다가 알맞게 절여지면 다섯 마리씩 엮어서 걸대에 걸어 놓고 2주일쯤 햇볕에 말린 뒤 통보리 속에 묻어서 저장한다. 이것이 예전 이 지역에서 만들었넌 '오사리 굴비'인데 이 굴비가 사라진 지는 이미 오래되었다.

이곳 법성리의 울창하게 나무숲이 우거진 숲정이마을은 법성진 북쪽이므로 북쪽을 막기 위하여 나무숲을 조성해서 숲정이라고 부르고 있다. 지금도 온 나라에 굴비를 제공하는 법성포를 지나서 홍농 버스정류장에 도착했다. 영광군 홍농읍은 본래 영광군에 딸렸던 홍농부곡인데, 조선 시대에 면이 되었다가 1985년에 읍으로 승격되었다. 이곳 홍농읍 일대가 칠산바다에서 잡아 온 조기들의 집합처였다. 『동국여지승람』에는 조선 시대 이 일대의 모습이 풍경화처럼 묘사되어 있다.

> 해마다 봄에 상선이 사방에서 모여들어 그물을 던져 고기를 잡아 판매하는데 서울 저자와 같이 떠드는 소리가 가득하다.

조선 후기와 일제강점기를 지난 1960년대만 해도 홍농면 칠곡리엔 1km가 넘도록 늘어선 돛단배와 만선을 기원하며 올리던 수산제, 쌀로 빚어 만든 법성포 토주 등이 뒤범벅되어 흥청거렸다. 그러나 지금은 그러한 자취를 찾을 길이 없다.

2장

# 서해랑길
# 두 번째 구간

# 고인돌과 갯벌의 고장
# 고창

영광승마장 입구를 지난 서해랑길은 홍농읍 성산리를 지나 전라북도 고창군 상하면에 이르고 그곳에서 구시포해수욕장이 멀지 않다. 구시포는 신자룡 서북쪽 갯가에 있는 마을로 근처에 와우혈이 있는데, 이곳은 와우의 구유와 같다는 곳이다.

구시포 서쪽 바다에는 가막도라는 섬이 있다. 밀물 때 바닷물이 들어오면 까마귀가 앉을 만큼의 땅만 남고 모두 물에 잠긴다고 하여 가막도라는 이름이 붙었고, 구시포 북쪽에는 1955년부터 소금을 생산한 구시포염전이 있다.

한 권의 책은 박물관이고 도서관이며, 죽은 자들이 모여 있는 큰 공동묘지인데, 눈에 보이는 풍경 모두가 다 잘 쓴 책 한 권이다. 여기저기서 두런두런 크고 작은 목소리로 옛이야기를 들려주는 곳, 서해랑길에서 걸었던 구시포해수욕장이 그랬다.

구시포해수욕장 갯가에 소흑성이 수천수만 개가 있고 그곳에 주인들은 영역표시만 해 놓고 집으로 들어가 자취가 없다.

어린왕자가 살았던 소흑성이 612호였지. 그렇다면 이 소흑성의 번호는 613, 614, 615, 일만, 십만, 백만, 아니 그보다 더한 숫자로 매겨야겠지. 이 흑성의 주인들은 이렇게 기기묘묘한 영역표시를 하고 개펄 깊숙이 숨어 있다가 해가 질 때 나와서 다른 흑성의 주인들과 같이 어린왕자처럼 지는 해를 하염없이 바라보고 있을까? 그전에 밀물에 씻겨 자신들의 영토가 한순간에 사라지는 것을 알기는 하는 걸까? 고창 구시포 해변을 지난 여정은 명사십리 해변과 수산기술연구소를 거쳐 동호해수욕장에 이른다.

동호해수욕장은 소나무숲과 해수욕장이 아름다워서 사람들이 즐겨 찾는 곳이다. 조선 중종 때 어항과 무역항으로 발달하면서 마을이 조성되었다는 동호리는 무장군茂長郡 오리동면五里洞面의 지역으로, 1914년 4월 1일 해리면에 편입되었다. 동호라고 이름 지은 동호리를 예전에는 '수월정' 또는 '동백정冬柏亭'으로도 불렸는데 마을에 동백나무가 무성하고, 대섬竹島과 변산반도 방향의 바다가 호수처럼 보인다고 하여 '겨울의 호수'라는 이름을 따 '동호冬湖'라고 개칭했다고 한다.

고창군 심원면에 있는 서해안바람공원은 빨간 풍차와 공원의 산책로를 따라 조성된 바람개비 등의 구조물을 감상하며 고창의 갯벌을 체험할 수 있는 서해안 국가지질공원이다. 해안선을 따라 갯벌 등을 관찰할 수 있는 2층 높이의 나무 데크길이 조성되어 있으며, 데크에 오르면 갯벌, 바다를 보며 쉴 수 있는 쉼터가 마련되어 있다. 마음 놓고 한가하게 서해안바람공원의 경치를 조망할 수 있고, 서해로 지는 아름다운 일몰을 감상할 수 있다.

서해안바람공원 일대, 전라북도 고창군 해리면 동호리와 심원면 고전리에 걸쳐 있는 염전이 삼양염전이었다. 삼양사의 창업주인 수당秀堂 김연수金秊洙(1896~1979)는 인촌 김성수의 동생이자 고창군 부안면 봉암리 인촌마을 출신으로 1924년 삼수사를 창업했다. 1927년 줄포에서 처음으로 간척 사업을 시작한 그는 1931년에 회사 이름을 삼양사로 변경했다. 1936년, 해원농사주식회사라는 일본인 회사가 간척공사권을 따내고도 5년여 동안 방치한 것을 김연수가 이어받았고, 1946년 '전매 제2호' 발령으로 민간 염전이 허가되면서 삼양사는 해리염전(삼양염전) 개설 인가를 받았다. 염전 축조 공사는 1947년 3월 시작했으며, 1949년까지 94만 4,132.23㎡가 축조되어 그해 처음으로 천일염을 수확했다.

현재 존재하는 염전 사무소와 소금창고는 1939년 김연수가 지은 것으로 당시에는 국내 최대 규모를 자랑했다. 건물 중 일부는 1950년 6.25 전쟁 와중에 소실되었으나 이후 신축되었다. 6.25 전쟁이 발발하면서 해리염전은 좌익과 우익의 각축장이 되었다.

부산에 피난을 떠났던 김연수는 1951년 2월 차남 김상협(전 고려대학교 총장과 국무총리)을 해리 주재이사로 임명하여 소금 생산과 염전 확장을 지휘하게 했으며, 이때 염전 중앙 수로에 설치한 경비 망루가 지금도 남아 있다. 염전의 직원이 400여 명에 달하기도 했던 삼양염전은 현재 60여 명의 직원이 근무하고 있으며, 하루 천일염 생산량은 3천 가마 정도다. 전라북도는 삼양염전의 소금창고를 근대문화유산으로 지정하는 방안을 추진하고 있다.

서해안바람공원을 지난 여정은 심원면사무소에서 화산마을을 거쳐 2008년 문화체육관광부가 지정했던 이야기가 있는 문화생태탐방로와 겹치는 길을 걸어서 선운산 천마봉으로 이어진다.

선운산 자락 우거진 숲길을 걸어가며 생각한다. '지상에서의 행복은 생각보다 단순하다'고. 이렇게 한 발 한 발 걸어가는 것이 더없는 행복이라는 것을. 이렇게 아름답게 우거진 숲길을 걸으며 내려놓아도 될 것들을 다 내려놓고 무심히 걷는 것, 그것이 행복이라는 것을 새삼 깨닫는다.

옛사람들은 이런 숲이 우거진 산길을 걸어갈 때는 상투를 풀어서 '즐풍櫛風'이라고 부르는 바람으로 머리 빗질을 했다는데, 나 역시 모자를 벗고 미세하게 부는 바람에 머리 빗질을 하며 오르는 선운산은 흔히 선운사의 뒷산인 수리봉(해발 342m)을 가리킨다. 하지만 실제로는 1979년 전라북도에서 지정한 도립공원 범위인 선운계곡을 둘러싼 E자 모양의 산 전체를 선운산으로 봄이 더 타당하다. 가장 높은 경수산(444m)과 청룡산(313m), 구황봉(285m), 이빨산(355m)이 독립된 산처럼 솟아 있고 이 산에서 모인 물이 인천강(인냇강)을 이루어 곰소만으로 유입된다.

구름 속에 누워 선도를 닦는다는 뜻을 지닌 이 선운산은 바위들이 많다. 구황봉 마루에는 탕건을 닮았다 해서 탕건바위가 솟아 있고 구암리에는 별바위와 형제바위, 오암마을 뒤에는 지대처럼 생겼다 해서 자라바위, 용암마을 뒷산에는 용처럼 생긴 용바위, 아산초등학교 뒤편의 전담바위와 사자바위, 학전 앞에는 개구리가 입을 벌리고 있는 형상이었던 바위가 낙뢰로 깨졌다고 해서 깨진 바위가 높이 30여m로 솟아 있다.

고려 시대의 문장가인 김극기는 "산 숲이 앞뒤 사면을 둘렀는데, 한 족簇

천당天堂에 정거淨居, 자수紫綬는 늘어진 것을 자랑하랴 현전玄筌(현묘한 기틀)에는 다만 부처의 진리를 엿보고자 하네. 폭포 소리 옥 부수듯 단풍 신 골짜기에 울고, 산 경치는 소리를 모아 놓은 듯 푸른 하늘에 솟았네. 마주 앉아 조용히 옥진玉塵을 날리니 웃으며 이야기하는 끝에 맑은 바람 문득이네"라고 했다.

또한 이 산에는 〈선운산가〉라는 선운산과 관련된 백제 때의 노래가 전해온다. 백제 때 지금의 상하면, 공음면, 해리면을 아우르던 장사현에 살던 사람이 나라의 부름으로 전쟁터에 나갔으나 전쟁이 끝난 뒤에도 돌아오지 않자 그 부인이 선운산에 올라가 낭군을 그리며 부른 노래인데 가사는 전해지지 않고 노래에 얽힌 이야기만 남아 있다. 신라 때 승려 의운이 창건했다는 선운사의 참당암을 지나 내려가자 도솔암으로 이어지는 길이 나타나고 그곳에서 용문굴이 멀지 않다.

용문굴에서 조금 내려가자 도솔암의 마애불 앞에 도착한다. 암벽 타기를 즐기는 산악인들의 연습장으로 활용되고 있는 바위벽을 돌아가면 도솔암으

로 오르는 길옆 절벽에 고려 시대 초 지방 호족들이 세웠을 것으로 추정되는 마애불이 새겨져 있다. 전체 높이 17m, 너비 3m인 이 불상은 낮은 부조로 된 거대한 크기의 마애불로 결가부좌한 자세로 양 어깨 끝이 올라와 있고 입도 역시 꾹 다물고 있는 모습이기 때문에 부처님다운 부드러움이나 원만함이 없이 위압감을 준다는 평가를 받고 있다. 마애불의 머리 위에 누각식으로 된 지붕이 달려 있었는데 인조 20년(1648)에 무너져 내렸다고 한다.

선운사 마애불의 배꼽 속에는 신비스러운 비결이 하나 숨겨져 있었다. 그 비결이 세상에 나오는 날에는 한양이 망한다는 전설이 끈질기게 전해져 왔다. 오지영의『동학사』중 '석불 비결'에 실린 비결 탈취 과정은 이렇다.

> 선시先是 임진년壬辰年 팔월간의 일이다. 전라도 무장현 선운사 도솔암 남쪽 편에 수천 보쯤 되는 곳에 오십여 장이나 되는 층암절벽이 있고, 그 절벽 바위 전면에는 큰 불상 하나가 새겨져 있었다. 전설에 의

용문굴

하면 그 석불은 3천 년 전에 살았던 검당선사黔堂禪師 진상이란 것으로 그 석불의 배꼽에는 신기한 비결이 들어 있다고 하며, 그 비결이 나오는 날에는 한양이 망한다는 것이다.

그 증거로 지금으로부터 1백 3년 전 전라감사로 부임한 이서구李書九라고 하는 사람이 도임하고 며칠 만에 망기望氣(나타나 있는 기운을 보고 무슨 조짐을 알아냄)를 보고 남으로 내려가 무장 선운사에 이르러 석불의 배꼽을 떼고 그 비결을 내어 보다가, 그때 마침 뇌성벽력雷聲霹靂이 일어나므로 그 비결책을 못다 보고 도로 봉해 두었다 하며, 그 비결의 첫머리에 쓰여 있되, 전라감사 이서구 개탁開坼이라는 한 글자만 보고 말았다는 것이다. 그 후로도 어떤 사람이 열어 보고자 했으나 뇌성벽력이 무서워서 못 한다고 말하는 것이었다.

어느 날 손화중의 접중에서는 선운사 석불 비결의 이야기가 나왔다. 그 비결을 내어 보았으면 좋기는 하겠으나, 벽력이 또 일어나면 걱정이라 했다. 그 좌중에 오하영吳河泳이라고 하는 도인이 말하되, "그 비결을 꼭 보아야 할 것 같으면, 벽력이라고 하는 것은 걱정할 것이 없는 것이다. 그러한 중대한 것을 봉해서 둘 때에는 벽력살霹靂殺이란 것을 넣어 택일하여 봉하면 후대인이 함부로 열어 보지 못하게 되는 것이라고 하는 말을 들었다. 내 생각에는 지금 열어 보아도 아무런 일이 없으리라고 생각한다. 이서구가 열어 볼 때에 이미 벽력이 일어나 없어졌는지라 어떠한 벽력이 또다시 일어날 것인가. 또는 때가 되면 열어 보게 되나니 여러분은 그것은 염려 말고 다만 열어 볼 준비만을 하는 것이 좋다. 여는 책임은 내가 맡아 하겠다"고 했다.

좌중에서는 그 말이 가장 이치에 합당하다 하여, 청죽青竹 수백 개와 새끼 수십 타래를 구하여 부계浮械를 만들어 그 석불의 전면에 안치하고, 석불의 배꼽을 도끼로 부수고 그 속에 있는 것을 꺼냈다.

그것을 꺼내기 전에 그 절 중들의 방해를 막기 위하여 미리부터 수십 명의 중을 결박하여 두었는데, 그 일이 끝나자 중들은 뛰어가서 무장 관청에 고발했다. 전날 밤에 동학군들이 중들을 결박 짓고 석불을 깨뜨려 그 속에 있는 것을 도적질하여 갔다고 했다. 그리하여 수백 명이 잡히었는데, 그중 괴수로 강경중姜敬重, 오지영, 고영숙高永叔 세 사람이 지목되었다.

무장현감은 여러 날을 두고 취조하게 되었는데, 첫 문제가 비결 책을 바치라는 것이요, 손화중孫華中과 기타 주모자 두령들이 있는 곳을 대라는 것이었다.(…)

이 사건으로 동학의 지도자들이 여러 형태로 피해를 받았다. 하지만 손화중이 왕이 될 것이라니, 세상이 뒤집힐 것이라니 하는 소문이 줄을 이어 무장 접주 손화중의 집에 사람들이 몰려들었고 그들이 결국 동학농민혁명의 주력으로 활동하게 된다.

바라볼수록 마애불과 잘 어울리는 한 그루 소나무를 뒤로하고 도솔암 내원궁으로 오른다. 깎아지른 절벽과 푸르른 잎새들이 손짓하는 듯한 정경 속 내원궁內院宮 안에는 보물 제280호로 지정된 선운사 지장보살 좌상이 있다. 남해 금산의 보리암만큼이나 영험하기로 소문이 나 있는 지장보살은 관음전에 있는 금동보살과 크기나 형식은 비슷하지만 그보다 훨씬 더 세련되고 아름답다. 도솔암에서 잠시 내려가면 훤칠한 미남처럼 가지를 늘어뜨린 장사송을 만나게 되고 그 옆에 진흥굴이라고 불리는 천연굴이 있다. 불교에 심취한 진흥왕이 왕위를 버리고 도솔왕비와 중애공주를 데리고 이곳 선운사에 와서 이 굴에서 자던 중 꿈속에서 미륵삼존불이 나오는 것을 보고 크게 감동하여 이곳에

도솔암 마애불

중애사를 창건하고 다시 이 절을 크게 일으키니 그것이 선운사였다고 한다.

그러나 당시 이 지역이 신라 땅에 속했는지에 대한 의문은 남는다. 진흥굴에서 쉬엄쉬엄 걸어가자 선운사에 이른다. 선운산 동쪽 기슭에 위치한 선운사는 사기에 의하면 백제 제27대 위덕왕 24년에 검담선사에 의해 창건되었다고 한다. 다른 설로는 검단선사가 그와 친분이 두터웠던 신라의 의운조사와 함께 진흥왕의 시주를 얻어 창건했다고 한다. 훗날에 만들어졌을 것으로 추정되는 선운사 창건 설화는 이렇다.

죽도포에 돌배가 떠 와서 사람들이 끌어오려고 했으나 그때마다 배가 자꾸 바다 쪽으로 떠내려가곤 했다. 그 소식을 들은 검단선사가 바닷가로 가 보

선운사

니 배가 저절로 다가왔다. 배 위에 올라가 보니 그 배 안에는 삼존불상과 탱화, 나한상, 옥돌부처, 금 옷을 입은 사람이 있었고 그 사람의 품속에서 '이 배는 인도에서 왔으며 배 안의 부처님을 인연 있는 곳에 봉안하면 길이 중생을 제도 이익利益이 있게 하리라'라고 쓰인 편지가 나왔다. 검단선사는 본래 연못이었던 현재의 절터를 메워 절을 짓게 되었다. 이때 진흥왕이 재물을 내리고 장정 100명을 보내 뒷산에 무성했던 소나무를 베어 숯을 굽게 하여 경비에 보태게 했다. 절터를 메울 때 쫓겨난 이무기가 다급하게 서해로 도망을 가느라고 뚫어 놓은 자연석굴인 용문굴이 등불암 마애불 왼쪽 산길 위에 있다.

그 당시 선운산 계곡에는 도적이 들끓었다고 한다. 검담선사가 그들을 교화하고 소금 굽는 법을 가르쳐서 생계를 꾸리게 했다. 그때 그들이 살던 마을을 검단리라고 했으며 그들은 해마다 봄가을에 보은염이라는 이름의 소금을 선운사에 보냈다. 그 전통은 그대로 해방 전까지 이어졌다고 한다.

그 후 충숙왕 5년과 공민왕 3년에 효정선사가 중수했으나 폐사가 되었고 조선 성종 14년에 행호幸浩선사가 쑥대밭만 무성하던 절터에 서 있는 구층석탑을 보고 성종의 작은아버지 덕원군의 시주를 얻어 중수했지만 정유재란 때 불에 타 잿더미가 되고 말았다. 당시 광해군 6년(1614) 월준대사가 재건한 뒤 몇 차례 중수를 거치며 오늘에 이르렀다.

이 절 뒤편에 이 나라에서 가장 소문난 것 중의 하나인 5백여 년 이상 된 동백나무 3천여 그루가 숲을 이루고 있다. 4월 말이면 한 잎 한 잎 떨어지는 것이 아니고 모가지 채 뚝뚝 떨어지는 눈물겹도록 가슴 시리고 아린 동백꽃을 볼 수가 있는데 지금은 때가 아니라서 볼 수 없다. 이 선운사에서 가까운 소요산 자락 질마재 아래 선운리에서 태어난 미당 서정주는 선운산 동백꽃에 대한 시 한 편을 남겼다.

**선운사 동구**洞口

선운사 고랑으로
선운사 동백꽃을 보러 갔더니
동백꽃은 아직 일러 피지 않았고
막걸릿집 여자의 육자백이 가락에
작년 것만 오히려 남았습디다.
그것도 목이 쉬어 남았습니다.

선운사를 나오자마자 만나게 되는 부도밭에 추사 김정희가 쓴 '백파선사 부도비'가 있다. '우리나라에는 근래에 율사로서 일가를 이룬 이가 오직 백파만이 여기에 해당할 수 있다. 고로 여기에 율사라고 적은 것이다'로 시작되는 이 비문은 추사의 글씨를 좋아하는 사람들이 많아서인지 탁본을 많이 해 가 보기에 좀 민망하다.

일주문을 나오며 선운산가 노래비와 미당의 시비를 만나고 산문을 나서 주진천을 건너 연기동으로 향한다. 선운산과 소요산 사이를 흐르는 주진천은 전라북도 고창군 고수면 은사리 칠성마을 산기슭에서 발원하여 고창군 심원면 용기리 서해안으로 흘러드는 하천이다.

이 하천에서 사는 물고기가 풍천장어다. 고창과 선운사에서 가장 유명한 것이 복분자주와 풍천장어일 것이다. 복분자는 딸기의 일종인데 복분자로 만든 그 술을 먹으면 요강단지가 뒤집힌다는 속설이 있지만 사실은 열매가 뒤집힌 요강단지와 흡사해 복분자라고 불린다고 한다. 하지만 그 말을 곧이들은 대다수 사람들은 선운사 동백장에서 하룻밤을 머물면서 복분자주로 밤을 지새우기가 일쑤다. 풍천장어 역시 정력에 좋다고 소문이 났기 때문에 이곳을 찾는 사람들이 안 먹고 가면 서운한 필수 음식이 되고 말았다.

주진천을 건너자 고창군 부안면 연기동에 이른다. 이곳 연기동은 소요산 자락의 용산 서쪽에 있는 마을로 신라 진흥왕 때 연기조사가 창건한 연기사라는 절이 있었기 때문에 붙여진 이름이다. 소요산은 인천강이라고 불리는 주진천을 사이에 두고 선운산 동쪽에 있는 산이다. 예로부터 선운산과 소요산은 기묘한 관계에 있었다고 한다. 선운산이 흥하면 소요산이 쇠락하고, 소요산이 흥하면 선운산이 쇠락한다는 이야기로 그 주기가 몇백 년씩 지속된다고 한다. 그래서 선운산 자락의 선운사는 사람들이 인산인해를 이루고, 소요산 정상 부근에 있는 소요사는 쓸쓸하기가 그지없는지도 모른다.

하지만 이 소요산은 녹두장군 전봉준의 태몽 설화를 간직한 산이다. 전봉준이 태어나기 전 아버지 전창혁이 꾸었다는 태몽 설화 두 가지가 전해진다. 하나는 당촌에서 멀지 않은 이 소요산을 한입에 삼키는 꿈을 꾸고 전봉준을 낳았다는 것이고, 다른 하나는 전창혁이 소요산 바위굴 속에서 도를 닦고 있는데 천인天人이 나타나 천서를 주고 가는 꿈을 꾸었다는 이야기다.

이곳 용산리에는 1894년 동학농민혁명 당시 평민 두령으로 이름을 떨쳤던 차치구의 아들로, 훗날 보천교를 창시한 차경석의 자취가 남아 있다. 이곳에서 차경석이 태어났기 때문에 그 자취가 '차천자 터'라는 지명으로 남아 옛일을 회상시킨다.

1994년 태인에서 동학농민군을 해산한 전봉준이 하룻밤을 보낸 집은 정읍군 입암면 대흥리에 있는 차치구의 집이었다. 이곳은 동학의 십대 접주 중의 한 사람이었고, 원평 태인전투 이후 그의 아들 경석을 데리고 전봉준을 따라 순창 피노리까지 동행했던 차치구의 주 무대였다. 차치구는 평민 두령으로 용맹을 떨쳤으며, 그의 아들 차경석은 훗날 증산사상을 기반으로 민족종교 보천교를 세운 사람이기도 하다. 동학농민혁명이 실패로 돌아간 후 흥덕에서 관군에게 붙잡힌 차치구는 그 앞산에서 포살되었고 그때 열다섯 살이었던 차경석은 아버지의 시신을 업어다가 대흥리에 묻었다고 한다. 지금의 대흥리는 입암산과 갈재를 그윽이 바라보며 고창군 신림면으로 가는 길 옆에 있는 조용한 마을에 지나지 않지만, 1920년대에서 1930년대 중반까지는 이 나라의 경성 다음에 중요한 곳이었다고 한다.

1920년대 보천교 신도수가 조선총독부 집계로 무려 170만 명을 웃돌았고, 보천교의 집계로는 7백만에서 8백만을 넘었다는 통계가 나와 있는 것을 보면 그 무렵 보천교의 교세가 어떠했는가가 가히 짐작이 가고도 남는다. 1993년 동학농민혁명을 〈사람과산〉에 연재하던 때, 보천교 본부로 찾아가 차용남옹에게 보천교의 역사를 들었다.

"열다섯 살 때 아버지(차경석)가 돌아가셨지. 보천교 간부들을 총독부 관리들이 이간질시켰고, 조만식 선생이 이곳에서 체포되었어. 그때 이곳에 '대성전'이라는 십일전 건물을 지었는데 십일전의 대들보로 만주 훈춘현 노령 지방에서 가져온 재목을 썼었다네. 이 나라 반만년 역사상 어느 왕조도 쓴 일이 없는 누른 기와를 올린 것은 중국의 천자궁을 그대로 본뜬 존대의식이었다네. 그 십일전 건물이 얼마나 컸었는지 2층까지 합하면 186간이 되었다니 지금 경복궁 근정전의 두 배쯤이 되었을 것이네. 저 남쪽에 있는 입암산을 바라보고 지은 것이 아니라 등을 지고 세운 오좌지형이었다고 하니 이러한 좌향은 현세는 선천 시대와 달리 운수가 뒤집혀 좌향도 정반대가 될 것이라고 해서 그렇게 지었다고 나중에야 들었네. 삼국 시대 이후 이 나라에서 가장 큰 건물이었던 십일전이 아버님 선화하신 1936년 5월 이후 일본 사람들에 의해 500원에 경매당하여, 서울에 있는 조계사의 대웅전이 되고 말았지."

조만식과 이상재를 비롯한 민족주의자들의 발길이 끊어지지 않았고, 아버지와 그들이 한방에서 며칠씩 쉬어 가곤 했다는 그의 말은 대체로 사실이었다. 그날의 역사를 아는지 모르는지, 차천자 터는 그냥 터로만 남아 있고, 여정은 연기저수지를 지나서 질마재에 접어든다.

소나무 울창한 숲 사이로 붉은 황토 질척한 신작로가 지형이 길마처럼 생겼다는 질마재를 이루고 있었고, 이곳 질마재를 두고 미당 서정주는 『질마재 신화』를 남겼다. 소나무 숲을 빠져나오니 마을이다. 마을 입구에 들어서자 벌써부터 측백나무가 촘촘히 들어선 우하당이 보인다. 바로 그 집이 마당의 집이고, 그 집에 들어서자 그의 시 「자화상」이 스쳐간다.

> 애비는 종이었다. 밤이 깊어도 오지 않았다. 파뿌리같이 늙은 할머니와 대추 꽃이 한 주 서 있을 뿐이었다. 어매는 달을 두고 풋살구가 꼭 하나만 먹고 싶다 했으나…… 흙으로 바람벽한 호롱불 밑에 손톱이 까만 에미의 아들. 갑오년甲午年이라든가 바다에 나가서는 돌아오지

않는다 하는 외할아버지의 숱 많은 머리털과 그 커다란 눈이 나는 닮았다 한다.

스물세 해 동안 나를 키운 건 팔할八割이 바람이다.
(…)

그가 스물세 살 때 지었던 「자화상」은 얼마나 많은 문학도의 가슴을 설레게 했던가. 그러나 그가 5공의 주역 전 모 대통령을 빗대어 단군 이래 최고로 자비로운 미소라고 극찬했던 그 말이 얼마나 많은 사람을 실망시켰던가. 그럼에도 그 또한 동학의 후예다. 시에서 얘기하는 것처럼 미당 선생 외할아버지도, 김지하 시인의 할아버지가 동학농민군이었듯이 우리들의 윗대 어른들도 자의든 타의든 동학당이었거나, 그들의 추종자였을 것이다. 바로 근처에 마당 시문학관이 있다.

가장 높은 산은 바다로부터 시작된다. 바닷바람이 불어오는 이 소요산 자락에서 긍정적이든 부정적이든 한 시대를 풍미했던 여러 사람이 태어났고 살

1 서정주 옛집 2 서정주 문학관

손화중이 붙잡힌 재실

다가 갔다. 차천자라고 회자되었던 차경석이 연기동 마을에서 태어났고, 인촌 김성수, 수당 김연수 형제는 고창군 부안면 봉암리 인촌마을에서 태어났으며, 미당 서정주는 부안면 질마재마을에서 태어난 것이다.

송현리를 지난 여정은 봉암리에 이르는데, 인촌 김성수의 생가에 도착하기 전에 손화중의 자취가 남은 이씨 재실이 있다. 동민혁명 당시 남접의 가장 중심이었고, 가장 많은 세력을 규합했던 손화중은 전봉준, 김개남과 함께 황룡강 전투에서 지대한 공헌을 한다. 그런 그는 2차 봉기에 공주로 가지 않고, 광주 일대를 지키고 있었다. 우금치 전투가 패배로 돌아가고 태인에서 농민군의 주력부대가 해산하자, 그는 고창군 부안면 봉암리에 있던 이씨 재실로 숨어들었다가 재실지기였던 이봉우에게 이렇게 말했다.

"그동안 내가 너에게 진 빚을 갚겠다. 나를 고발하여 큰 상을 받으라."(최현식, 『갑오동학농민혁명사』)

손화중은 서울로 끌려가 재판을 받았고, 그 이듬해 전봉준과 함께 한날

한시에 처형당했다.

손화중의 손자 손홍렬 씨의 말에 의하면, 손화중의 아내는 동학혁명이 실패로 돌아가자, 다섯 살의 어린 아들 응수를 붙잡고, 어린 딸은 등에 업은 채 옥구로 갔다고 한다. 부잣집에 들어가 이씨로 성을 바꾸고 식모살이를 하여 목숨을 부지했다고 하는데, 그 고통이 어떠했으랴. 비결에 거는 꿈이 너무 컸던 것일까. 이씨 재실을 나와 조금 걸어가니 인촌의 생가가 있는 부안면 봉암리에 이른다.

1977년 12월 31일 전라북도 기념물로 지정된 이 집은 남북으로 긴 직사각형 대지 안에 낮은 담을 경계로 지은 집이다. 북쪽에 큰집이 있으며 남쪽에 작은집이 있는데, 큰집 안채는 1861년, 사랑채는 1879년, 작은집 안채는 1881년에 조부 낙재樂齋 김요협이 건립했고, 이 집에서 인촌 김성수와 수당 김연수가 태어났다.

봉암리에서 상암리 상포마을은 지척이다. 상암리에서 으뜸 마을인 상포마을은 바닷가에 인접한 마을로 지형이 코끼리와 닮았다고 해서 지어진 이름이다. 줄포마을 건너 걷다가 보니 수동리에 이른다. 수강산의 동쪽에 있기 때문에 이름 지어진 수동마을에 천연기념물로 지정된 수동리 팽나무가 있다. 수동리 팽나무를 앞에 두고 피타고라스의 한 일화가 떠올랐다.

어느 날 피타고라스가 다음과 같은 질문을 받았다. '당신은 무엇을 하는 사람인가?' 그는 다음과 같이 대답했다.

"만약 히에론이 올림픽 경기에 찾아온다면, 상품을 타기 위해 자기의 운을 시험할 생각으로 오는 자도 있고, 물건을 팔기 위해 상인이 되어 오는 자도 있고, 맛있는 음식을 먹거나 친구를 만나기 위해 오는 사람도 있고, 구경하러 오는 사람도 있다는 것을 알 수 있다. 그중 나는 구경하러 온 사람  하나이다."

세상을 치열하게 한순간 한순간을 살지 않고, 그저 구경꾼이나 방관자처럼 살다가 간다면 어떨까? 재미있을까, 재미없을까?

이 땅에 태어나 수없이 많은 길을 걸으며 세상 사람들과 대화를 주고받은 공자나 예수나 부처, 심지어 마호메트도 저마다의 고통과 절망을 체득하고 극복하며 살다가 갔다. 그중에서도 살아생전에 나라를 다스렸던 제후들이 거들떠보지 않아서 쓸쓸하게 살았던 공자의 일화가 하나 남아 있다.

자공이 말했다.

"여기에 아름다운 옥이 있다면 궤 속에 감추어 두시겠습니까? 아니면 볼 줄 아는 장사치를 기다려 파시겠습니까?"

공자가 대답했다.

"팔아야지, 팔아야지, 나는 물건 볼 줄 아는 장사치를 기다리는 사람이다."

> 팔아야지, 팔아야지, 라고 반복해서 말한 것은 은연중에 강개한 뜻이 담겨 있으니, 이 구절을 읽으면 눈물이 난다.

장흥 출신 실학자인 존재 위백규의 『논어차의』에 실린 글이다. 팔리기를 기다리는데, 사 줄 사람이 없다는 것은 얼마나 큰 슬픔인가. 누군가 자기를 알아주는, 인정해 주는 사람이 있다는 것은 세상에 더할 나위 없는 큰 기쁨인 것이다. 우리가 이 세상에 살면서 느끼게 될 칠정七情이나 희로애락喜怒哀樂 같은 것들이 없다면 삶이 그저 심심하기만 하고 재미가 없을지도 모른다. 그러나 중요한 것이며 꼭 알아야 할 사실 하나, 인간이 살다가 가는 우주라는 이 극장에서 구경꾼은 이미 정해져 있다는 것이다. 신과 천사만이 요지경처럼 재미있는 세상 구경을 할 수 있다는 것.

마음이 즐거운 자는 항상 잔치를 하느니라.

「잠언」 15장 15절이다. 그렇게 살고자 하는데, 그게 어렵다. 하지만 마음을 내려놓고 바라보고 있으면 세상의 근심을 잠시나마 잊을 수 있는 나무가 수동리 팽나무다.

수동리 팽나무는 2008년 5월 1일 문화재청에 의해 천연기념물로 지정되었다. 수령은 약 400년으로 추정되며, 나무의 높이는 12m, 가슴높이의 줄기 둘레는 6.56m이다. 수관 폭은 동서 방향이 22.7m, 남북 방향이 26m인데, 뿌리 근처를 비롯한 주변에는 찔레꽃, 뽕나무, 참빗살나무, 갈참나무, 팽나무, 아까시나무, 오동나무 등과 맥문동, 인동덩굴, 칡, 고사리 등 비교적 다양한 식물들이 함께 분포하고 있다. 나무의 높이는 높지 않으나 수관이 특히 크게 발달한 이 나무는 줄기에 공동空洞은 없으나 수직 방향으로 여러 개의 큰 주름이 깊게 접혀 있어서 마치 두 그루 이상이 연접된 것처럼 보인다. 지상 2.1m 높이에서 여러 개로 갈라져 있는 수동리 팽나무는 현재까지 천연기념물로 지정된 팽나무 중에서 가슴높이의 줄기 둘레가 가장 크며 수형이 아름답고 수세가 좋은 편이다. 팽나무 종을 대표할 만한 고창 수동리 팽나무는 드라마로 인해 언론을 많이 탄 우영우 팽나무와 달리 노랗게 물들어 가는 가을 들녘을 수놓으며 줄포만 건너의 변산을 바라보는 침묵으로 아름다움을 널리 널리 전파하고 있었다.

수동리를 지난 여정은 흥덕면 사포리에 이른다. 이 마을에서 판소리 명창 김소희가 태어났다. 호가 만정晩汀이고, 본명 순옥順玉인 김소희는 전라북도 고창高敞에서 태어났다. 그는 열세 살에 당대의 여류명창 이화중선李花仲仙의 소리를 듣고서 소리꾼이 되기로 결심했다. 동편제의 명창 송만갑宋萬甲의 문하에 들어가서 소리를 배우기 시작한 지 얼마 되지 않았을 때 이화중선이 송만갑을 찾아왔고, 송만갑은 이화중선에게 김소희를 소개했다. 김소희의 소리를 들은 이화중선은 탄복한 뒤 곧바로 그날 저녁 광주극장 무대에 그를 세웠다. 김소희는 어린 나이에 이화중선의 협률사에 들어가게 되었고, 다음 해에는 남원에서 개최한 명창 대회에 나가 1등 상을 받았다. 송만갑에게 〈심청가〉와 〈흥보가〉 등을 전수받고, 정정렬丁貞烈에게 〈춘향가〉 〈수궁가〉를 배운 김소희는 열여덟 살에 오케레코드와 콜럼비아레코드에서 〈심청가〉와 〈적벽가〉를 취입해서 소녀 명창으로 이름을 날린다. 김소희는 스무 살에 당대 내로라하는 명창 정정렬, 임방울, 이화중선과 함께 빅타레코드의 〈춘향전 전집〉을 녹음했고, 스물두 살에는 박동실에게 〈수궁가〉와 〈적벽가〉를 배웠다.

그 뒤로도 여러 명창과 연주자들에게 가곡과 거문고, 가야금 등을 차례로 익힌 김소희는 천부적인 목소리를 타고난 명창이었다. 청아하고 미려한 목소리를 지녔던 그는 극한의 감정에 치우치지 않는 절제미를 잘 발휘해 우아하고 유장한 창을 구사했으며 섬세하면서도 지나친 기교를 멀리하는 고상한 창법을 지향했다. 1937년 창극좌에 입단한 그는 1945년 여성국악동호회를 조직하여 한국민속예술학원을 창설하여 국악 발전에 힘썼고, 1964년 중요무형문화재 기·예능보유자로 지정되었다.

김소희는 〈춘향가〉 중 '어사, 춘향 상봉 대목'과 〈심청가〉 중 '범피중류' 그리고 〈적벽가〉 중 '군사설움 대목' 등을 유성기음반으로 남겼고, 58세에 녹음한 〈심청가〉 완창과 61세에 녹음한 〈춘향가〉 완창 음반은 지금도 명반으로 알려져 있다. 박초선, 박송희, 김동애, 오정숙, 안숙선, 성창순, 남해성, 이일주, 신영희, 박양덕, 오정해 등이 그가 가르친 제자들이다.

살아생전 국악계의 사표師表 또는 국창國唱으로 불렸던 김소희의 생가는 마을 주민이 슬레이트 지붕으로 개축하여 관리하던 것을 헐고서 2002년 5월에 주민들의 기억과 고증을 토대로 옛 모습 그대로 복원했다. ㄱ자 형태의 초가지붕을 얹은 민가인 김소희 생가는 온돌방 3칸과 부엌 1칸으로 구성되어 있다.

> 동풍이 눈을 녹여 가지가지 꽃이 피고 작작허고나. 두견화는 나비를 보고서 웃는 모양 반갑고도 아름답구나. 뉘과 함께 보드라는 말이냐. 꾀꼬리는 북이 되어 유상지세 늘어진다.

김소희의 〈춘향가〉 중 '옥중가' 한 대목을 떠올리며 다시 서해랑길에 나선다.

고려장이 많이 있었다는 수암리의 고려장들을 지나 고창군 흥덕면의 사포 버스정류장에 이른다. 1914년까지 독립된 군이었다가 구창에 편입된 흥덕면의 사포리는 갯가에 모래가 많아서 사진포 또는 사포라고 불렸다. 사포 서남쪽에 있는 술항골(주항)마을은 예전에 세미를 수집하는 데 사람과 우마가 많이 모이게 되어 주막이 들어서자 안주인의 댁호를 술항집으로 불렀다고 한다.

사포 안에는 조선 시대 흥덕군에서 거두어들인 세미를 쌓아 두었다가 서울로 보냈던 창고가 있었던 창 터가 남아 있고, 돌밭거리 옆에는 4m에 이르는 당간지주가 남아 있는데, 이곳에서 당산제 또는 기우제를 지냈다고 한다.

마을 앞에 갯가가 있으므로 뒷개 또는 후포라고 지은 후포리에도 세곡을 보관하던 창고가 있었던 창 터가 있는데 지금은 밭으로 변모하고 말았다. 소금을 구었던 염판, 양반재, 시기뱀 등 아름다운 옛 이름들이 많이 남아 있는 후포리를 지나 신덕리를 지나며 고창군을 벗어나 부안군 줄포면 우포리에 접어든다.

# 변산마실길을 지나는 부안 서해랑길

지형이 소가 누워 있는 것과 같다고 하여 소왓개 또는 우포라 이름 지은 우포리를 지나 줄포리에 이른다. 줄이 많이 났던 포구라 줄래포라고 부르다가 줄포라고 부르는 이곳에 조성된 만을 줄포만이라고 부른다.

줄포만은 전라북도 부안군 변산면 도청리 개섬犬島과 고창군 해리면 동호리 사이에 있는 만으로 너비는 약 7㎞, 길이는 약 17㎞, 수심은 10m 미만이며, 만 내에는 죽도竹島, 대죽도大竹島 등 작은 섬들이 있다.

줄포만의 중심 어항이던 줄포茁浦는 펄의 퇴적으로 수심이 얕아지면서 항구의 기능을 잃어버리고 1938년 이웃한 곰소항熊淵港에 그 지위를 넘겨주었다. 조선 시대에 이곳 줄포에는 부안현의 세미를 보관하던 남창 터가 있었고, 서울로 세미를 옮기던 선박의 출입이 많았다. 불과 몇십 년 전만 해도 조기를 비롯하여 많은 어물이 나서 이름난 포구였는데, 흙들이 퇴적되면서 선박의 출입이 가능하지 않게 되자 포구로서의 기능을 잃어버렸다.

줄포에서 눈여겨봐야 할 곳이 줄포만갯벌생태공원이다. 줄포만에 있는 갯벌생태공원은 1996년부터 1999년까지 4년간 45억여 원을 투입하여 방조제를 쌓아 만든 줄포저류지에 2003년부터 줄포자연생태공원 조성사업을 시작하면서 조성됐다.

10만 평에 달하는 갈대숲이 조성되어 자연경관을 이루고 있고, 자생식물을 심어 재배함으로써 줄포 주변 지역의 생활하수를 정화시키고 있다. 줄포만 생태공원에는 해국, 찔레꽃, 바다강아지풀, 갈대, 나문재, 함초, 바다잔디 등 20여 종의 자생화와 염생식물이 보존되고 있다. 줄포자연생태공원 앞쪽으로 람사르 습지로 지정된 69㎢의 줄포만 갯벌이 있고, 갯벌 중 4.9㎢의 면적을 연안습지보호지역의 특별구역으로 지정했다.

줄포자연생태공원을 지나며 보안면 유천리에 이른다. 고려 시대에 만들었던 청자·상감백자 등이 출토된 유천리 도요지는 1963년 사적으로 지정되었다. 지정 면적이 214,125㎡인 유천리 일대는 일제강점기부터 심한 도굴로 인하여 최성기의 우수한 파편을 간직한 요지의 퇴적층이 완전히 파괴 상태에 있었다. 1967년 국립박물관에서 도굴된 퇴적층 일부를 시굴試掘하여 파괴·교란된 상태를 수습·조사했을 뿐, 정식으로 전면적인 발굴조사를 한 적은 없다. 40여 개소의 도요지가 있었던 것으로 추정되는데, 대부분이 유천리를 동서로 가로지르는 도로의 남쪽 측면에 밀집되어 있으며 도로 북측 야산 기슭에도 10여 개소가 산재하고 있다.

마을 앞에 범바우가 있는 호암마을을 지나 보안면 우동리에 이른다. 이 우동리에 큰 흔적을 남긴 인물이 있으니 바로 조선 숙종 때의 실학자인 반계 유형원이다. 유형원은 이곳에 들어와 살면서 후학을 가르치며 왕성한 집필 활동을 했다. 서울에 살던 그가 우반동(우동리 옛 이름)에 내려와 학문을 연구할 수 있었던 이유는 이곳에 집안의 농장이 있었기 때문이었다.

유형원은 서울에서 태어나 두 살에 아버지를 여의고, 다섯 살에 글을 배우

유형원 반계서당

기 시작했다. 일곱 살에 『서경』 '우공기주편禹貢冀州編'을 읽자 사람들이 매우 감탄했다고 한다. 외숙인 이원진과 고모부인 김세렴을 사사한 그는 문장에 뛰어나서 스물한 살에 『백경사잠百警四箴』을 지었다.

1653년(효종 4)에 부안현 우반동에 정착한 그는 이듬해 진사시에 합격했으나 과거를 단념하고 학문 연구와 저술에 전념하면서 여러 차례에 걸쳐 나라 곳곳을 유람했다. 1665년과 1666년 두 차례에 걸쳐 학행學行으로 천거되었으나 모두 사퇴하고, 농촌에서 농민을 지도하는 한편, 구휼을 위하여 양곡을 비치하게 하고, 큰 배 4~5척과 마필馬匹 등을 갖추어 구급救急에 대비하게 했다. 유형원은 그의 저서인 『반계수록』을 통하여 전반적인 제도 개편을 구상했다. 중농 사상에 입각하여 토지 겸병을 억제하고 토지를 균등하게 배분할 수 있도록 전제田制를 개편, 세제·녹봉제의 확립, 과거제 폐지와 천거제 실시, 신분·직업의 세습제 탈피와 기회균등의 구현, 관제·학제의 전면 개편 등을 주장했다. 그의 사상은 훗날 이익, 홍대용, 정약용 등에게 이어져 실학이라는 새로운 학문이 발전하는 원동력이 되었다.

그 이전에 이곳에서 살고자 했던 사람이 『홍길동전』을 지은 허균이다. 함열로 유배를 왔을 무렵 허균은 이매창을 자주 찾았고, 이 지역을 사랑했던 그는 아예 눌러살고자 했다.

허균은 공주목사에서 파면된 뒤에 이곳 우반동으로 왔다. 그는 김청이 벼슬에서 물러난 후 우반동 골짜기에 지은 정사암靜思菴에서 잠시 머물렀다. 그때 『정사암중수기靜思菴重修記』를 지으면서 우반동의 수려한 경치를 다음과 같이 묘사했다.

> 해변을 따라서 좁다란 길이 나 있는데, 그 길을 따라가서 골짜기로 들어서니 시냇물이 옥구슬 부딪히는 소리를 내며 졸졸 흘러 우거진 넝불 속으로 쏟아진다. 시내를 따라 채 몇 리도 가지 않아서 곧 산으로 막혔던 시야가 탁 트이면서 넓은 들판이 펼쳐졌다. 좌우로 깎아지른 듯한 봉우리들이 마치 봉황과 난새(상상의 새)가 날아오르는 듯 치솟아 있는데, 그 수를 헤아리기 어려웠다. 동쪽 등성이에는 소나무 만 그루가 하늘을 찌르는 듯했다. (…) 서쪽에는 삼림이 무성하고 서림사西林寺가 있는데, 승려 몇이 살고 있었다.
>
> 계곡 동쪽을 거슬러 올라가서 옛 당산나무를 지나 정사암이라는 데에 이른다. 암자는 겨우 방이 4칸이고 깎아지른 듯한 바위 언덕에다 지어놓았는데, 앞에는 맑은 못이 굽어보이고 세 봉우리가 마주 서 있다. 폭포가 푸른 절벽에서 쏟아지는데, 마치 흰 무지개처럼 성대했다. 시내로 내려와 물을 마시며 우리 네 사람은 머리를 풀고 옷을 벗은 후 못가의 바위 위에 걸터앉았다. 가을꽃이 막 피기 시작했고 단풍잎이 반쯤 붉게 물들었다. 저녁노을이 서산에 걸리고 하늘 그림자가 물 위

에 드리워졌다. 물을 내려다보고 하늘을 올려다보며 시를 읊고 나니 문득 속세를 벗어난 기분이었다. (…) 나는 속으로 생각하기를, 다행히 건강할 때 관직을 사퇴함으로써 오랜 계획을 성취하고 또한 은둔처를 얻어 이 몸을 편케 할 수 있으니, 나에 대한 하늘의 보답도 역시 풍성하다고 여겼다. 대체 관직이 무엇이기에 사람을 감히 조롱한단 말인가.

허균은 우반동에 있는 집 산월헌山月軒을 두고 「기記」를 남겼는데 그 글을 보면 그가 얼마나 우반동 부근을 사랑했는지를 알 수 있다.

나는 부안의 봉산을 몹시 기꺼워하여 그 산기슭에 오두막이나 짓고 살려고 했다. 사람들이 하는 말이, 산 가운데 골짜기가 있어 우반이라 하는데, 거기가 가장 살 만하다 했으나, 역시 가서 보지는 못하고 한갓 심신心身만 그리로 향할 뿐이었다.

무신년(선조 41, 1608) 가을에 관직에서 해임되자 가족들을 다 데리고 부안으로 가서 우반이란 곳으로 나아갔다. 경치 좋은 언덕을 선택하여 나무를 베어 몇 칸의 집을 짓고 평생을 마칠 계획을 세웠더니, 일이 미처 마무리되기도 전에 당시의 여론이 나를 조정에 용납하지 않을 뿐 아니라 시골에 사는 것도 허용하지 않으려 하여, 무리가 모여 함께 헐뜯어 대었다.

"태평세상을 만났는데도 도원桃源의 뜻을 품었으니 너무도 옳지 않다" 하여 마침내 나를 끌어다가 북쪽으로 가게 했다. 그 승지勝地를 돌아다보면 마치 천상에 격해 있는 것 같으니, 아아, 명이란 어찌하랴.

곰소염전

허균이 우반동에 집을 짓고서 살았더라면 다산 정약용이 강진 다산초당에서 남긴 저작보다 더 많은 저술을 남겼을지도 모른다. 하지만 인연이란 어긋나기를 잘해서 그런지 느닷없이 벼슬을 받고 서울에 올라가 정치를 바로 세우려다가 반역자로 생을 마감했으니, 역사를 어느 누가 알 수 있단 말인가.

우반동에서 천천히 발길을 옮기면 진서면 진서리의 곰소항에 이른다. 옛 이름이 웅연, 웅소, 웅연도인 곰소항은 진서 서남쪽에 있는 마을로 지형이 곰 같이 생긴 섬이 있었고, 그 안에 깊은 소가 있었다. 곰소항은 일제강점기 후기에 조선에서 착취한 농산물과 군수물자를 반출하기 위해서 만든 항구로 군산항에 이어 두 번째로 큰 어항이었다. 갈치와 조기, 오징어와 새우, 꽃게잡이의 중심지였던 곰소항은 갯벌의 퇴적으로 인한 연안 수산자원의 고갈로 점차 쇠퇴하다가 격포格浦항으로 어업의 중심지를 넘겨주고 말았다. 지금도 곰소항은 내소사나 변산, 그리고 곰소젓갈을 찾는 사람들로 북적거리고 있지만 옛날의 풍요로움은 찾을 수 없다.

이곳 곰소의 명물이 곰소염전이다. 조선 시대부터 천일염을 생산했다는 기록이 『세종실록 지리지』에도 전해지고 있는 곰소염전은 품질이 좋은 천일염 생산지로 유명하다. 조선 시대에는 이곳에서 생산된 천일염이 서울 노량진과 마포나루를 통해서 도성으로 운송되었고, 일제강점기 때는 이곳에 제방을 축조하여 곰소 일대를 간척하면서 북쪽으로 넓은 염전지대를 형성했었다. 염전의 면적은 897㎢이며 연간 생산량은 20kg 소금 포대 기준 약 10~15만 가마 정도로 대개 3월 말~4월에 시작하여 5~6월 성수기를 거쳐 10월까지 소금을 생산하고 있다. 그런 연유로 곰소항은 근해에서 나는 싱싱한 어패류를 각종 젓갈로 생산해서 대규모 젓갈단지가 조성되어 있다.

곰소회타운과 곰소초등학교를 지나면 진서면 석포리의 내소사가 지척이다. 부안군 진서면 석포리에 위치한 내소사는 백제 무왕 34년(633) 혜구두타가 소래사라는 이름으로 창건했다. 창건 당시에 '대 소래사'와 '소 소래사'가 있었는데 지금의 내소사는 예전의 '소 소래사'라고 한다. 그 뒤 1633년(인조 11)에 청민선사가 중건했고 1902년 관해가 중창한 뒤 오늘에 이르렀다. 소래사가 내소사로 언제부터 바뀌었는지는 분명하지 않은데 고려 때 빼어난 시인인 정지상鄭知常의 「제변산소래사題邊山蘇來寺」라는 시가 남아 있는 것으로 보아 정지상이 변산에 왔던 시절만 해도 소래사로 불렸음을 알 수가 있다.

> 적막한 맑은 길에 솔뿌리가 얼기설기,
> 하늘이 고대, 두우성斗牛星을 솟제 만질듯
> 뜬구름 흐르는 물처럼 길손이 절간에 이르렀고
> 단풍잎 푸른 이끼에 중은 문을 닫는구나.
> 가을바람 산들산들 지는 해에 불고
> 산달이 차츰 훤한데 맑은 잔나비 울음 들린다.

기특도 한지고, 긴 눈썹 저 늙은 중은
한평생 인간의 시끄러움 꿈조차 안 꾸누나.

위의 시로 보아서 중국의 소정방이 석포리에 상륙한 뒤 이 절을 찾아와서 군중재를 시주했기 때문에 내소사로 바뀌었다는 말은 그냥 전해져 오는 전설이 맞을 듯싶다. 내소사는 선계사, 실상사, 청림사와 더불어 변산의 4대 명찰로 불렸지만 다른 절들은 전란 때 모두 불타 버리고 내소사만 남아 있다.

보물 제277호로 지정되어 있는 내소사來蘇寺 고려동종高麗銅鐘은 1222년(고종 9) 변산의 청림사에서 만든 종으로 청림사가 폐사되면서 땅속에 묻혀 있던 것을 1857년(철종 4) 내소사로 옮겼다. 높이 1.3m에 직경 67cm인 전형적인 고려 후기 작품으로 뛰어난 아름다움을 자랑하고 있다. 종구가 종신보다 약간 넓고 정상에는 탑산사종의 용과 비슷한 용뉴龍鈕와 구슬이 붙어 있고 용통甬筒이 있다. 종신의 중간에는 활짝 핀 연꽃이 받치고 있는 구름 위에 삼존상이 네 곳에 주조되어 있으며 본존상은 좌상이고 양쪽의 협시보살상은 입상이

1 내소사 2 내소사 문살

다. 모두 두광이 있고 머리 위에는 수식이 옆으로 나부끼는 보개가 공중에 떠 있다.

범종각을 지나 봉래루를 지나면 대웅보전 앞에 다다른다. 조선 인조 11년(1633)에 건립되었다고 전해지는 내소사 대웅보전大雄寶殿은 자연석으로 쌓은 축대 위에 낮은 기단과 다듬지 않은 주춧돌을 놓고 세운 정면 3칸, 측면 3칸의 단층 팔작지붕 집이다. 조선 중기 이후에 유행했던 다포계 건물로서 공포의 짜임은 외 3출목과 내 5출목으로 되어 있어 기둥 위에는 물론 주간에도 공간포를 놓은 양식이다. 내소사에서 가장 아름다운 부분은 내소사 대웅보전의 정면 3칸 여덟 짝의 문살을 장식한 연꽃과 국화꽃으로 가득 수놓은 문살이다.

내소사 대웅보전 건물은 못을 하나도 쓰지 않고 나무토막들을 깎아 끼워 맞춘 건물로도 유명하다. 내소사를 중창할 당시 대웅보전을 지은 목수는 3년 동안 나무를 목침덩이만 하게 토막 내어 다듬기만 했다고 한다. 나무 깎기를 마친 목수는 그 나무를 헤아리다 하나가 모자라자 자신의 실력이 법당을 짓기에 부족하다며 법당 짓기를 포기하고자 했다. 그러자 사미승은 감추었던 나무토막을 내놓았지만 목수는 부정한 나무토막은 쓸 수 없다며 끝내 그 토막을 빼놓고 대웅보전을 완성했다고 한다. 그 연유로 지금도 대웅보전 오른쪽 안 천장은 왼쪽에 비해 나무토막 하나가 부족하다고 한다.

서해 바다에 인접한 내소사는 사시사철 사람들의 발길이 끊이지 않는 곳이다. 내소사에서 격포로 가는 길은 영광 백수해안도로 못지않게 아름다운 길이다. 줄포만 건너 소요산과 선운산을 바라보며 더 멀리 칠산바다까지 한눈에 들어오는 길을 걷다가 보면 운호리의 왕포리에 이르는데, 변산반도를 휘감아 도는 길이 변산마실길이다. 지금은 나라 안에 널리 알려진 변산마실길을 만들게 된 것은 2009년 전라북도 행정부지사로 근무하고 있던 이경옥 씨의 한번 만나자는 전화 때문이었다. 마주 앉은 그가 콩나물국을 먹으면서 하는 말이 전라북도에 '지리산둘레길'이나 '제주올레길'과 같은 길을 만들자는 것이었다. 그의 말을 듣고 보니 전라북도에 산을 따라 이어진 둘레길이나 바닷가 길을 만들면 좋을 것 같다는 생각이 들었고, 변산이 떠올랐다. 그래서 전라북도청 공무원들과 외변산을 걸어 보니 잘 조성된 옛길이 있었고, 그 길에서 우리땅걷기 도반 200명, 전라북도의 방송국과 함께 개통식을 개최했다. 그리고 그 길을 '변산마실길'이라고 이름 지었다.

마실은 우리나라 안 모든 지역에서 통용되는 '마을'의 방언으로 마을에 나간다는 뜻이 '마실 나가다'이다. 옛날 할머니가 이웃집에 놀러 가거나 가까운 곳으로 바람 쐬러 가거나 일이 있어 집 밖을 잠시 나갈 때 "마실 나갔다 온다" 하고 나가던 그 모습이 떠오른다. 그런 의미에서 마실은 마음과 육신이 한가할 때 나가는 것이다. '강산江山과 풍월風月은 본래 일정한 주인이 없고, 오직 한가로운 사람이 바로 주인인 것이다'라는 옛글이 있는데, 그런 한가한 마음을 가진 사람들이 걸으면 좋은 길이 변산반도 국립공원을 휘감아 도는 변산마실길이다.

다시 길을 나서서 그 지형이 말과 같다는 마동을 지나면 국립변산자연휴양림에 이른다. 국립변산자연휴양림은 국립자연휴양림 중 산림과 해양의 특색을 동시에 가지고 있는 최초의 해안 생태형 휴양림인데, 변산은 어떤 연유로 이를 가진 산인가?

1988년 6월 11일 국립공원으로 지정된 변산은 바깥에다가 산을 세우고 안을 비운 형국으로, 해안선을 따라 98㎞에 이르는 코스를 바깥변산이라고 하고 수많은 사찰과 암자가 있어 한때는 사찰과 암자만을 상대로 여는 중장이 섰다던 산의 안쪽은 안변산이라 했다. 의상봉(508m), 주류산성(331m), 남옥녀봉(432.7m), 옥락봉, 세봉, 관음봉(424m), 신선대(486m), 망포대(492m), 쌍성봉(459m) 등의 산들이 안변산을 에워싸고 그 안의 백천냇물이 해창에서 황해로 흘러든다. 호남의 5대 명산으로 불리는 변산은 능가산, 영주산, 봉래산 등 여러 가지 이름으로 불려 왔다.

### 큰 산이 첩첩이 쌓이고 쌓인 변산

이중환은『택리지』에서 변산을 다음과 같이 기록했다.

"서쪽, 남쪽, 북쪽은 모두 큰 바다이고, 산 안에는 많은 봉우리와 구렁이 있는데 이것이 변산이다. 높은 봉우리와 깎아지른 듯한 산꼭대기, 평평한 땅이나 비스듬한 벼랑을 막론하고 모두 큰 소나무가 하늘에 솟아나서 해를 가리었다. 곧 변산의 바깥은 소금 굽고 고기잡이에 알맞다. 주민들이 산에 오르면 나무를 하고 산에서 내려오면 고기잡이와 소금 굽는 일을 하며 땔나무와 조개 따위는 값을 주고 사지 않아도 될 만큼 넉넉하다."

봉래구곡, 직소폭포, 선제폭포 같은 빼어난 절경이 있는 변산은 산이 깊고 울창하여 예로부터 약초나 버섯을 재배하고 벌도 많이 쳤다. 특히 안변산의 훤칠하게 자란 소나무는 곧고 단단해서 고려 때부터 궁궐을 지을 재목과 목선의 재료로 많이 쓰였다.

이규보는 "변산은 나라 재목의 보고이다. 소를 가릴 만한 큰 나무와 찌를 듯한 나무줄기가 언제나 다하지 않았던 것이다. 층층의 산봉우리와 겹겹의 산등성이에 올라가고 쓰러지고 굽고 펴져서, 그 머리와 끝의 둔 곳과 밑뿌리와 옆구리의 닿는 곳이 몇 리나 되는지 알지 못하겠으나 옆으로 큰 바다를 굽어보고 있다" 했다. 그런 연유로 원나라가 일본 원정을 할 때도 이 변산의 나무들로 전함을 만들었다.

1274년 정월 원나라 조정에서 고려 조정에 일본을 함락하러 가는 데 필요한 전함 9백 척을 3월까지 만들어 내라며 총감독으로 홍다구를 보내왔다. 홍다구는 고려 사람이지만 원나라에 귀화한 홍복원의 아들로서 원나라의 장수가 된 후 원나라가 고려를 칠 때 선봉 노릇을 여러 차례 했었다.

배를 만들 곳으로 부안의 변산과 장흥의 천관산이 정해졌지만 석 달 동안에 9백 척의 배를 만든다는 것은 어림도 없는 일이었다. 그 두 곳에서 3만 5천 명쯤의 목수와 인부들이 밤낮없이 일했지만 3월까지 다 만들지를 못했다. 홍다구는 미친 듯이 인부들을 다그쳤고 그때의 상황이 『고려사』에는 이렇게 기록되어 있다.

> 기한이 급박하여 몰아붙이기를 바람과 번개와 같이 하니 백성들이 크게 괴로워했다.

예정보다 석 달을 넘겨 6월에 만들어진 배는 일본 땅에 닿기도 전에 태풍을 만나 모두 부서져 버리고 말았다.

그런 역사를 지닌 외변산에서 작지만 아름다운 항구이면서 해수욕장이 있는 곳이 모항이다. 수락동 동남쪽에 있는 이 마을은 뒤밭을 개간하여 마을을 이루었다고 해서 뒤목이라고 부르던 곳으로, 노송이 어우러진 아름다운 해수욕장이 마치 그림과 같다. 1940년대 초 곰소항이 개설되기 전에는 위도와 고창, 영광, 흑산도를 오고 가는 배들이 정박한 항구였다는데, 지금은 그 흔적을 찾을 수가 없다.

변산마실길은 '바람으로 머리 빗질하면서 걸을 수 있는' 길이다. 파도 소리를 들으며 울창하게 우거진 숲길을 걷다가 보니 솔섬에 이른다. 나라 안, 바닷가에서 일몰이 가장 아름다운 곳을 꼽으라면 나는 부안의 솔섬을 추천할 것이다. 밀물 때에는 갈 수 없지만 썰물 때에는 들어갈 수 있는 솔섬으로 지는 해, 그 장면을 본 사람은 복 받은 사람이다.

어느 때부터인가 나는 부안의 이 솔섬 부근을 좋아했고, 가끔씩 인생에 힘이 빠졌다고 생각될 때면 이곳을 찾아서 잠시나마 나를 내려놓고 멍한 채 몇 시간씩 해 지는 풍경을 보곤 했다. 마음의 길을 잃었다가 그 길을 다시 찾고 싶었던 것이다. 나는 사고思考를 시작하면서부터 흔들리는 것들을 사랑했는지 모른다. 그래서 수많은 길을 걸으며 '길을 잃었고, 길은 잃을수록 좋다'는 하나의 명제를 터득했다. 길을 잃어야 새로운 길을 찾을 수 있고, 살아 있는 모든 것들은 흔들림 없이 견고해지지 않는다는 이치를 깨달았기 때문이다. 흔들리는 바다 위 떠 있는 솔섬을 바라볼 때 문득 떠오르던 시가 박재삼 시인의 「바다에서 배운 것」이라는 시였다.

고향 앞바다에는
꿈이 아니라고 흔드는
수만 잎사귀의 미루나무도 있고
미칠 만하게 흘러내리는
과부의 찬란한 치마폭도 있고
무엇도 있고 무엇도 있고
바다에서처럼 어리벙벙하게
많이 있는 것은 없는가
(…)

그 시를 가슴 아리게 읊조리며 다시 떠나는 서해랑길, 이곳에는 지금 서 있는 전북학생해양수련관이 들어서기 전 도청초등학교가 있었다.

1990년대 초, 내가 문화운동을 시작하며 만들었던 황토현문화연구소에서 여름문화마당을 여러 차례 열었다. 그때 초대된 시인이 신경림 시인이었다. '한국문학이 나아갈 길'이라는 주제의 강연을 했고, 그때 함께 온 사람이 「저문 강에 삽을 씻고」라는 시를 지은 정희성 시인이었다. 그리고 오래전에 작고한 『무당』의 작가이자 천재 무당인 정강우와 함께 용왕제를 개최하기도 했었다.

폐교가 되면서 사라진 학교, 그사이 얼마나 많은 일이 일어났는가. 이곳에서 볼 수 있는 폭포가 벼락폭포라고 불리는 수락폭포로 큰비가 내릴 때면 웅장한 광경을 만날 수 있다. 그곳에서 아름다운 항구 궁항이 멀지 않다. 드라마 〈불멸의 이순신〉 세트장이 있었던 궁항은 그 생김새가 활의 목처럼 생겼다고 해서 활목 또는 궁항이라고 부른다. 궁항에서 조그만 고개를 넘으면 격포에 이른다.

수락폭포

변산반도국립공원에 속해 있는 산내면 격포리格浦面는 본래 부안군 우산내면의 지역으로, 격포라 하고 또는 조선 시대에 격포진格浦鎭이 있었으므로 격포진이라 했다. 1914년 행정 구역 폐합에 따라 궁항리, 반월리, 종암리 일부를 병합하여 격포리라 하여 변산면에 편입되었다.

격포 일대가 한눈에 보이고 전망대가 서 있는 달기봉(계봉)은 격하 서북쪽 해변에 있는 산이며 높이는 80여m쯤 되는데, 금계포란혈金鷄抱卵穴이 있다고 한다. 봉화봉 아래에 있는 격포진의 터로 진을 설치하고 별장別將을 두었다가 조선조 헌종 8년(1842)에 혁파되었다. 그 뒤, 고종 10년(1873)에 다시 진을 설치하고 첨사僉使를 두어 병선兵船, 방선防船, 동후선同候船이 있었고 방군防軍이 200여 명을 거느렸다. 고종 31년(1894)에 혁파되어 지금은 밭으로 되어 있다.

격포의 달기봉 아래 펼쳐진 해수욕장이 격포해수욕장이고, 그곳에 채석강이 있다. 채석강採石江은 격포 서북쪽 해안을 따라 있는 변산반도 명승지의 한 곳이다. 해안을 끼고 층암절벽이 마치 수만 권의 책을 한데 쌓아 놓은 것처럼 높이 솟아 있고, 그 밑에는 바다 물결이 끊임없이 들썩이고 있다. 가는 모래밭에는 여러 빛깔의 바둑만 한 돌이 수없이 깔려 있어 유람객들은 이 돌을 주워다가 그대로 바둑알로 썼다고 하며, 절벽 위로는 달기봉의 숲이 우거지고 멀리 칠산七山바다의 섬들이 보인다. 저녁 무렵엔 돌아오는 돛단배와 지는 해가 바다를 아름답게 수놓아 좋은 경치를 이루는데, 중국 당나라 시인 이태백李太白이 뱃놀이를 했다는 중국 채석강과 비슷하다 하여 그 이름을 땄다고 한다. 조선 후기에 을사오적 중의 한 사람인 이완용李完用이 전라도 관찰사로 있을 때 이곳까지 관광 시찰을 자주 왔다는데 부안읍에서 이곳까지의 음식, 침구를 마련시키는 등 민폐가 심했다고 한다.

하얗게 펼쳐진 격포해수욕장을 지나면 개양 할미를 모신 수성당에 이른

격포항

수성당

다. 개양 할미는 칠산바다를 맡아 보는 바다신이다. 아득한 옛날 적벽강 대막골(죽막동) 뒤 '여울골'에서 개양 할미가 나와 바다를 열고 풍랑의 깊이를 조정하여 어부들의 생명을 보호하고 물고기가 많이 잡히도록 살펴 주었다고 한다. 그리하여 이 개양 할미를 물의 성인으로 높여 수성 할미라 부르며 여울골 위 칠산바다가 한눈에 보이는 절벽에 구랑사를 짓고 모셔 왔다. 지금은 그곳을 수성당으로 고쳐 부르고 있다.

이 개양 할미는 키가 어찌나 컸던지 나막신을 신고 바다를 걸어 다녀도 버선조차 젖지 않았다고 한다. 다만 곰소의 '게란여'에 이르러 발이 빠져 치마까지 젖자, 화가 난 개양 할미가 치마로 돌을 담아다 '게란여'를 메웠다고 한다. 지금도 깊은 물을 보면 '곰소 둠병 속같이 깊다'는 속담이 전해 오고 있을 정도다. 개양 할미는 딸 여덟을 낳아 위도와 영광, 고창, 띠목 등 칠산바다 곳곳에 두고, 막내딸을 데리고 구랑사에 머물러 서해 바다를 다스리고 있다고 한다. 지금은 수성당 할머니라고 부르며, 음력 정월 보름이면 죽막 등을 중심으로 한 주변 마을 어민들이 안전과 물고기 풍년을 비는 수성당제를 지낸다.

수성당에서 산비탈을 내려가면 적벽강에 이른다. 채석강과 달리 사람들

1 적벽강 2 고사포해수욕장

의 발길이 드문드문한 적벽강赤壁江은 대막골 북쪽에 있는 명승지로 해안을 따라 500여m의 붉은빛 절벽이 휘돌아 있다. 돌벽 사이로 짙푸른 바닷물이 출렁이고 있다. 적벽강은 중국 송나라 때의 시인 소동파蘇東坡가 놀던 적벽강赤壁江의 이름을 땄다고 한다.

삼발리三發里는 마포 서쪽에 있는 마을로 이곳에는 세 사람이 살다가 각각 헤어졌다는 이야기가 남아 있다. 멀리 보이는 하섬은 삼발리 북서쪽에 있는 섬으로 지형이 새우와 같다고 해서 이름 붙여진 원불교의 수도원이 있다. 예로부터 민어, 조기, 도미, 대화, 삼치, 조개 등이 많이 잡히는 곳으로 알려져 있으며, 썰물 때는 모세의 기적처럼 물길이 열리는 곳이기도 하다. 그곳에서 북쪽에 자리 잡은 해수욕장이 고사포해수욕장이다. 소나무 숲이 울창한 고사포古沙浦마을은 모장동 북서쪽에 있는 마을이고 어옹산망등漁翁散網은 고사포 북쪽에 있는 등성이로 어옹산망혈이 있다고 한다.

고사포해수욕장에서 운산마을로 이어지는 길은 정겨운 산길이다. 초소를 지나던 군인들의 발 때가 묻은 길을 걷다가 보니 웬걸, 바닷가 위 솟아오른 바위섬에 무덤 한 기가 보이지 않는가. 저곳에 무덤을 쓴 사람은 누구이고 잠든 사람은 또 누구란 말인가? 조선의 천재 문장가인 매월당 김시습은 그의 부모가 죽었을 때 무덤 자리를 가려 편안히 장사를 지내고자 했다. 그는 당시 사람들의 풍수학에 구애받지 않았다. 김시습이 보았던 편안한 곳의 다섯 가지 조건은 다음과 같다.

첫째, 흙의 두께를 가렸고
둘째, 물의 깊이를 가렸고
셋째, 소나무나 가래나무가 살 만하며
넷째, 세상이 바뀌어도 갈아서 밭으로 만들 수 없으며
다섯째, 집에서 가까워서 성묘省墓나 시제時祭를 지내기에 편리한가

이 다섯 가지 조건이 갖추어진 뒤에 장사를 지내는 것이 군자가 행할 바라고 보았다. 김시습의 말을 들어보자.

"비록 시체라도 구천九泉에 편안하게 거처하게 함은 역시 인자하고 사랑하는 깊은 뜻을 잊어버리지 못해서다."

얼마나 지당한 말인가. 자신의 부모를 좋은 곳에 장사 지내고자 함은 복을 받기 위해서가 아니고 부모를 사랑하는 마음 때문이라는 것이다.

풍수지리학의 원조인 일행선사一行禪師 역시 그와 비슷한 의견을 개진하고 있다.

> "효자는 부모에게 좋은 산천의 땅을 구해 드려야 하는데, 그 이유는 장사掌事라는 것이 부모를 이승에서 마지막으로 보내 드리는 일이기 때문이다. 이렇게 하여 부모의 유해가 편안해지면 효자의 마음도 편안해지는 것이다.
>
> 부모의 유해가 편안함으로써 복이 후손에게 흘러 그 음덕이 살아 있는 자손들에게 모이는 이치라고 한다면, 효자 아닌 자가 어찌 만에 하나라도 감히 그것을 바랄 수 있겠는가. 대대로 내려오는 효자는 부모님의 유해가 좋은 땅에 모셔짐으로써 진실로 복이 자신에게 접응하리라는 생각은 꿈에도 떠올리지 않는다.
>
> 그저 어리석고 천한 무리들이 음덕을 받는 것이 바로 땅의 이치라고 믿어 버리고 살아가는 못된 꾀로서 좋은 터를 구함에만 급급해 있다.
>
> 오로지 부모의 유해가 편안함을 얻게 함이 풍수의 이치이니, 그 보람은 음덕을 입는 데 있는 것이 아니라 오직 부모님을 편안히 모실 수 있느냐를 근심함에만 있는 것이다."

그런데도 대부분의 사람들은 부모의 묏자리를 잘 쓰고 좋은 집터를 잡아 자기와 가족들이 음덕을 보려는 데만 몰두하고 있다. 풍수가들 역시 길지라고 잡아 주고 보상을 받는 데만 골몰하는 등 이기적인 목적의 풍수가 판을 치고 있다.

발레리의 시 제목, 「해변의 묘지」가 떠오를 것 같은 곳에 묘를 쓴 사람의 마음은 어떠할까? 바람이 불어 풍랑이 일 때면 청개구리의 우화처럼 매일 매 순간이 편치 못할 것인데, 그들은 지금 어떻게 살고 있을까?

변산면 운산리는 변산 밑에 있기 때문에 구름이 늘 끼어 있어 구루미 또는 운산리라고 불렀고 사망암土望岩은 운산 서북쪽에 있는 마을이다.

이런저런 생각에 빠져 초소를 지나 산길을 내려가자 만나는 포구가 송포항이고, 그곳에서 변산해수욕장이 지척이다. 변산해수욕장은 희고 고운 모래로 된 긴 해안에 푸른 소나무가 숲을 이루었으며, 조석간만潮汐干滿의 차도 심하지 않아 대천, 만리포해수욕장과 함께 서해안의 3대 해수욕장으로 꼽혔다. 해안을 끼고 괴암이 병풍처럼 드리워 있어 좋은 경치를 이루고 있으나 국립공원에 묶여서 1960년대 모습으로 남아 있다가 다시 새로운 모습으로 단장하고 있는 곳이 변산해수욕장이다. 변산해수욕장에서 대항리로 가는 길은 초소 길보다 바닷가 길이 더 운치 있다. 기묘한 형태의 바위와 간간이 드러나는 모래밭으로 이루어진 바닷가 길을 따라가자 패총이 있는 대항리大項里에 이른다.

본래 부안군 우산내면의 지역으로 부안읍과 격포진으로 가는 큰 길목이 되었다 하여 한목 또는 대항이라 했다. 1914년 행정 구역 폐합에 따라 합구미, 목적동, 서두리, 자미동을 병합하여 대항리라 하여 변산면에 편입되었는데, 이곳에 군산대학교 실습장이 있다.

대항리 패총은 변산해수욕장에서 북쪽으로 약 1㎞ 떨어진 합구미마을 동쪽 산 밑 밭에 있다. 바닷가에 접한 밭이 파도에 깎여 낭떠러지를 이루자 지층이 드러나 1947년 발견되었다. 규모는 남북 약 14m, 동서 약 10m이며, 130cm 깊이의 암반에 이르기까지 연속적으로 층위가 쌓여 있다. 이 패총의 조개껍질층에서 빗살무늬토기 조각과 돌로 만든 석기石器가 나와 신석기 시대 사람들의 생활상을 간접적으로 말해 주고 있다. 대항리 패총은 고고학적 자료로서

활용 가치가 있어 기념물로 지정하여 보전하고 있다.

변산마실길의 장점은 무엇보다 분단의 부산물인 초소 길이 몇십 년 동안의 역사를 간직한 채 그대로 남아 있다는 것이다. 30번 국도 아래에 끊어질 듯 하면서 이어지는 초소 길도 길이지만 금방이라도 초병들이 임무 교대를 해도 무방할 듯한 초소들 너머로 보이는 바닷가는 말 그대로 환상적이다. 제주올레길이 대부분 그늘이 없어서 뙤약볕 아래를 걷는 경우가 많은데, 이곳은 초소에서 초소로 이어지는 그늘이 마치 밀림을 연상시킨다. 또한 지리산둘레길이 대부분 시멘트 농로가 많은 반면 이 길은 말 그대로 부드러운 흙길이 산에 있고, 까슬까슬한 모래밭이 펼쳐진 바다로 이어진다. 그뿐만이 아니다. 나뭇잎 사이로 보이는 바다는 푸르고 눈 밝은 사람에게는 새로 조성된 펄에 새카만 게들이 마치 천군만마가 지나가는 것 같다.

아름답고 신기한 바닷가 길을 걷다가 보니 새만금전시관이 들어선 서두西斗터마을에 이른다. 서두터마을은 묵정 북쪽 해변에 있는 마을로 옛날 옛적에 물소가 바다를 건넜다고 해서 지은 이름이다. 신기하게도 서두터마을에서 신시도를 가로막은 새만금방조제가 들어서면서 지금은 그 길이 군산까지 이어져 있어 자동차가 바다를 가로질러 가는 꿈같은 일이 일어났다.

"무엇보다 걸으려는 욕망을 잃지 말라, 매일같이 나는 걸으면서 행복한 상태가 되고, 걸음을 통해 모든 질병으로부터 벗어났다. 나는 걷는 동안 가장 좋은 생각들을 떠올렸다."

덴마크의 철학자인 키르케고르의 말을 떠올리며 해창쉼터를 지나 새만금을 바라본다.

부안 신재생에너지테마파크를 지나 백석리를 거치자 하서중학교에 이르고 그곳에서 구암리 지석묘군이 멀지 않다. 부안군 하서면 구암리에 있는 지석묘는 바둑판 모양의 남방식 고인돌로, 원래는 백영기白永基라는 사람의 집 울타리 안에 13기가 있었으나 현재는 10기만 남아 있다. 거북이 모양의 거대한 지석묘가 포함되어 있는 구암리 지석묘는 그 크기가 남방식 고인돌군의 최대급으로 알려져 있다.

1956년 이홍직李弘稙이라는 사람이 맨 처음 조사한 이 지석묘는 1963년 1월 21일에 사적으로 지정되었다. 짧은 받침돌을 괸 남방식 구암리 지석묘는 자연석을 떼어 내어 뚜껑 돌로 사용했고, 그 밑의 받침돌은 보통 4개를 쓰는데 통례를 벗어나 크고 작은 받침돌을 7~8개까지 사용하고 있다. 지붕돌을 받치는 받침돌의 개수가 이런 큰 차이를 보이는 것은 다른 지역 지석묘에서는 볼 수 없는 형태이다. 1986년 이 지석묘를 처음 보았을 때 훗날 이 집을 사서 살았으면 했는데, 그것은 한여름 밤의 꿈이었다. 그래도 그때의 꿈을 안고 가끔씩 찾아가는 곳이 구암리 지석묘군이다.

구암리 지석묘를 답사하고 신월 경로당을 지나 매창공원에 이른다. 고려 때의 문장가인 이규보가 그의 시에서 '풍속은 중국 남방의 해변에서 생활하는 종족인 단자蜑子와 같네'라고 한 뒤에 '강과 산의 맑고 좋음은 영주, 봉래와 겨룰 만하니, 옥을 세우고 은을 녹인 듯한 것은 만고에 변하지 않네' 했던 부안에서 허난설헌, 황진이와 더불어 조선의 3대 여류 시인으로 알려진 이매창이 태어났다.

선조 6년(1573)에 부안현의 아전이었던 이탕종의 서녀로 태어난 이매창의 이름은 계유년에 태어났으므로 계생桂生이었고 매창梅窓은 호였다. 이매창은 기생이 되었다. 얼굴은 예쁜 편이 아니었지만 시와 글, 노래와 거문고 등에 능하여 사람들의 심금을 울렸다. 이매창과 교류하던 사람 중에 한 천민이 있었는데 훗날 임진왜란 때 의병에 참여해서 공을 세우면서 천민 신분에서 벗어난 유희경劉希慶이다. 그가 바로 이매창의 연인이었다.

이화우 흩날릴 제 울며 잡고 이별한 임
추풍낙엽에 저도 날 생각는지
천 리에 외로운 꿈만 오락가락하노라.

이 시는 이매창이 유희경을 위해 쓴 시다. 이매창이 죽고 60여 년이 지난 후 부안의 아전들이 입으로 전해오던 이매창의 시들을 모아 그가 생전에 자주 찾았던 개암사開巖寺에서 시집을 발간했다. 부안을 고향으로 두고 시작 활동을 했던 시인 신석정은 이매창, 유희경, 직소폭포를 가리켜 송도삼절과 견주어 부안삼절이라고 불렀다.

『홍길동전』을 지은 허균은 이매창의 절친이었는데, 그가 부안 기생 이매창을 만난 것은 1601년 7월 23일이었다. 그가 지은 『조관기행漕官紀行』을 보자.

23일(임자) 부안에 도착하니 비가 몹시 내려 머물기로 했다. 고홍달이 인사를 왔다. 창기 계생은 이옥여(훗날 인조반정의 주역인 이귀李貴)의 정인이다. 거문고를 뜯으며 시를 읊는데 생김새는 시원치 않으나 재주와 정감이 있어 함께 이야기할 만하여 종일토록 술잔을 놓고 시를 읊으며 서로 화답했다. 밤에는 계생의 조카를 침소에 들였으니 혐의를 피하기 위해서다.

허균의 글을 보면 이매창은 미인은 아니지만 문학적 소양과 사람을 끄는 매력이 있었던 것을 알 수 있다.

이매창의 무덤이 있던 매창이뜸에 그의 묘소가 만들어졌고 허균과 이병기 등 그를 기리는 시인들의 시가 새겨진 문학비들이 세워졌다.

매창공원에서 부안군청으로 가는 길 부안읍 서외리에 있는 못 보고 가면 서운할 당산 4기가 있다. 1970년 5월 20일 국가민속문화재로 지정된 할아버지당과 할머니당으로 된 한 쌍의 석조신간石鳥神竿과 상원주장군上元周將軍과 하원당장군下元唐將軍으로 된 한 쌍의 돌장승이다.

마을의 수호신으로 받들어지고 있는 이들 중 할아버지 당산(378m)은 '철륭'이라고 불리는 서문안 당산의 주신主神으로, 화강암으로 만들었다. 기둥 꼭

1 허균 시비 2 이매창 묘

대기의 돌로 만든 새는 서쪽을 향하고 있다. 돌기둥 남면에 새겨진 비문으로 볼 때 숙종 15년인 1689년에 건립되었음을 알 수 있다. 할머니 당산은 할아버지 당산의 부인 신으로 기둥 위쪽에 하늘을 바라보는 오리를 양각했다. 할머니 당산에 대한 특별한 제사는 없고, 주신인 할아버지 당산에 제를 마치고 헌물을 조금 가져다 놓는다.

서문안 당산의 부수 신앙물로 돌장승인 상원주장군은 '上元將軍'이라 음각이 되어 있으며, 탕건을 쓰고 수염이 있는데, 주신 할아버지 당산에서 북서쪽으로 20m 지점에 있다. 상장군의 부인이라는 하원당장군은 마주 보며 서 있는데, 할머니라 부르며 '下元唐將軍'이라 새겨져 있다. 화강암으로 되어 있고, 매년 음력 정월 초하룻날 저녁 8시경부터 이튿날 오전 1시까지 당산제를 지내고 있다.

서문안 당산에서 부안군청은 지척이고, 그곳에서 멀지 않은 성황산 중턱에 이매창의 시비가 세워져 있다. 부안군청에서 서해랑길을 천천히 걷다가 보니 신석정 시인의 생가에 이른다. 삶이 고달프고 절망스러웠던 시절, 가끔씩 읊조렸던 시가 있었다. 신석정 시인의 「들길에 서서」라는 시였다.

(…)
뼈에 저리도록 생활은 슬퍼도 좋다
저문 들길에 서서 푸른 별을 바라보자…

푸른 별을 바라보는 것은 하늘 아래 사는 나의 거룩한 일과이거니

전북 부안이 고향인 신석정 시인은 나와 성이 같은 매울 신辛, 창녕의 영산 신씨와 영월 신씨, 그래서 신라면 신씨이다. 「그 먼나라를 알으십니까」를 비

롯한 수많은 주옥같은 시를 남긴 신석정 시인이 고향인 부안을 떠나 제2의 고향으로 여기고 살다가 작고한 곳이 전주시 남노송동이다. 신석정 시인의 고향인 부안에는 신석정 시인의 문학관이 새로 만들어졌다. 하지만 그 근처에 있는 그의 생가는 사라졌다가 복원된 것이기 때문에 그의 살아생전 삶을 오롯이 느끼기에는 부족하다. 이제 신석정 시인의 삶의 편린이 남아 있는 곳은 전주시 등록문화재로 지정된 전주 비사벌초사뿐이다.

신석정 생가를 지나온 여정은 신흥 버스정류장을 지나 고마농촌테마공원과 장동 경로당을 거쳐서 동진강석천휴게소에 이른다. 호남평야의 젖줄인 동진강은 길이가 44.7㎞이고, 유역 면적은 1,034㎢이다. 정읍시 산외면山外面 상두산象頭山에서 발원한 동진강은 산외면을 지나 칠보로 접어들면서 섬진강댐의 물을 받아들이고, 신태인읍을 북서류하다가 정읍시 이평면에서 정읍천을 받아들여서 서해로 들어간다.

이곳 동진 강변에서 조선 후기인 1894년, 폭정에 참다못한 농민들이 새로운 세상을 열기 위해 보국안민 척양척왜의 기치를 내걸고 일어난 것이 동학농민혁명이다. 저기 보이는 백산이 동학농민혁명 당시 그 유명한 '앉으면 죽산竹山 서면 백산白山'이라는 말이 만들어진 백산이다. 흰옷 입은 수천의 농민군들이 일어서면 백산이고 죽창을 든 농민군들이 앉으면 죽산이 되었다고 알려진 이 산은 예로부터 만인을 살릴 수 있다는 전설의 산이었다. 원래는 섬이었고 앞 들녘은 온통 바다였다고 하며, 심미산으로도 불렸다고 한다. 북쪽으로 동진강 건너 쪽이 김제군 죽산면이고 백산은 부안군 백산면이다.

계화, 김제, 배들의 너른 평야가 한눈에 들어오는 천연의 요새 백산. 백 년 전 이곳에는 보국안민의 기치를 내건 농민군의 봉화가 솟구쳤고, 반봉건의 핏발 서린 격문檄文이 벅찬 감동으로 이 나라 민중들을 일깨웠다.

**격문**

우리가 의를 들어 이에 이름은 그 본의가 결코 다른 데에 있지 아니하고 창생을 도탄 속에서 건지고 국가를 반석 위에 두고자 함이다. 안으로는 탐학한 관리의 머리를 베고 밖으로는 횡포한 강적의 무리를 구축하고자 함이다. 양반과 부호 앞에서 고통을 받는 민중들과 방백과 수령 밑에서 굴욕을 받는 소리小吏들은 우리와 같이 원한이 깊은 자라. 조금도 주저하지 말고 이 시각으로 일어서라. 만일 기회를 잃으면 후회하여도 돌이키지 못하리라.

갑오 삼월 호남창의대장소 재 백산

중의에 따라 대장에 전봉준, 총관령에 손화중, 김개남, 총참모에 김덕명과 오시영, 영솔장에 최경선, 비서에 송희옥과 정백현이 추대되고, 농민군은 본격적으로 보국안민 척양척왜로 무장되었다. 이곳에서 농민군들은 농민군 4대 강령을 선포했다.

一. 사람을 함부로 죽이지 말고 가축을 잡아먹지 말라.

一. 충효를 다하여 세상을 구하고 백성을 편안케 하라.

一. 왜놈을 몰아내고 나라의 정치를 바로잡는다.

一. 군사를 몰아 서울로 쳐들어가 권귀들은 모두 없앤다.

혁명의 불길은 이 나라 전역에 끝도 모르게 번져 갔다. 깜짝 놀란 정부에서는 영관 이경호를 비롯한 감영군과 보부상부대 2천여 명을 급파했다. 동학농민혁명사에 분수령을 이루는 황토현 전투의 시발이었다.

멀리 보이는 산이 두승산이고, 동진강의 물길을 따라 올라간 곳이 조병갑

이 백성들의 고혈을 짜내기 위해 만들었던 만석보이며 그곳에서 올라간 곳이 태인이다. 조선 후기 이 땅에 살면서 동학농민혁명에 주역이 되었던 전봉준, 김개남, 손화중, 김덕명, 최경선, 그리고 무명 동학농민군들을 하나하나 떠올려 본다. 그렇다. 1894년 갑오년에 수십만 명의 동학농민군이 흘린 피와 땀과 고통이 우리나라 근현대사의 출발점이 되었으니, 역사는 피를 먹고 발전하는 것이 맞다는 말인가? 이런저런 생각 때문에 떨어지지 않는 발길을 옮겨서 너른 평야에 있는 김제시의 알콩달콩들녘체험관에 이른다.

# 지평선이 보이는 김제를 새만금을 보면서 걷다

우리나라에서 가장 큰 평야가 있는 김제평야의 너른 들녘에는 벼보다 콩을 많이 심는다. 벼로 얻는 수입보다 콩으로 얻는 수입이 많기 때문이다. '콩밭 매는 아낙네'는 보이지 않아도 온 들녘이 노란 콩잎으로 덮여 있는 것을 보면 변하고 변하는 것이 세상의 이치라는 것을 깨닫는다. 여정은 김제시 죽산면 대창리의 해창 공도교로 이어지는데, 화동 동남쪽에 있는 이 바닷가 마을에 조선 시대 세미를 모아 두었던 창고가 있었다.

대창리에서 가장 큰 마을인 대창은 1898년에 일어난 큰 해일로 마을 일대가 침수되어 바다처럼 번들번들했다고 하는데, 지금은 그 흔적을 찾을 수가 없다.

신평천을 건너면 성덕면에 이른다. 만경 읍내 남쪽에 있어서 남일면이었다가 성덕산의 이름을 따서 성덕면이 된 이곳에 성덕우체국이 있고 군평배수갑문을 지난 여정은 신흥교에 이른다. 이곳에서 바라보는 호남평야는 말 그대로 장엄하고 광활하다. 연암 박지원이 『열하일기』에서 요동에 접어들면서 '좋은 터로구나, 한바탕 울 만하구나'라고 표현했던 그 풍경을 보는 듯 가없이 펼쳐진 호남평야의 중심부에 있는 김제 만경평야는 콩을 많이 심긴 하지만 지금도 나라 안에서 쌀이 가장 많이 생산되는 곳이다.

'전라도 옥백미玉白米 맛이다'라는 말은 전라도 만경평야에서 생산되는 쌀로 지은 밥이 맛있다는 뜻이다. 그렇게 맛있는 쌀의 대명사였던 전라도 쌀이 그 명성을 여주, 이천 쌀에 넘겨준 지 이미 오래다. 들리는 말로는 전라도에서 수확한 쌀을 밤중에 여주, 이천의 정미소로 보내어 정미만 해서 여주, 이천 쌀로 둔갑한다고 한다.

하지만 나라 안에서 유일하게 지평선을 볼 수 있는 곳이 바로 김제 만경평야다. 나지막한 산들이 들 가운데를 굽이져 돌아 이중환은 '두 줄기 물이 감싸듯하여 정기가 풀어지지 않아서 살 만한 곳이 대단히 많다'라고 기록했다. 1935년 9월 〈동아일보〉에 이병기가 연재한 '해산유기海山遊記'에는 김제의 호남평야에 대해 다음과 같이 실려 있다.

> 무어라고 형용할꼬! 그 광활한 김제 만경의 평야며 백산평 궁안 3천평들이 삼면에 에두르고 한편에는 동진강 서해 그리고 점점이 건너다보이는 산과 산 그 빛들은 푸르고 희뜩희뜩 거뭇거뭇하고 또 그 무수한 변화되는 풍경은 잠깐 이렇게 해서 보고는 말할 수 없다.
> 나는 다만 가슴이 넓어지는 듯 이러한 호기가 난다. 저 들판이 무비옥토, 해마다 게서 나는 몇백만 석의 곡식, 그런데도 왜 헐벗고 주리고 이리저리 유리전전하는고.

나라 안에서 손꼽히는 곡창지대인 이 지역 사람들이 땅을 빼앗기고 북간도로 떠나 유리걸식하는 것을 슬퍼한 글이다. 백제 때의 이름이 벽골군碧骨郡

이었던 김제군은 신라 때 지금 이름으로 고쳐졌다. '인심이 순후하여 농사일에 부지런했다'라고 기록된 김제군에는 삼한 시대에 축성된 최초의 저수지인 벽골제가 있다. 기축옥사로 희생된 이발의 시에 '성곽 둘레의 연꽃은 비를 재촉한다. 들에 가득한 벼 이삭은 가을 하늘에 상긋거리네'라고 했고, 옛사람의 시에 '한 길 아득히 바다에 연했고, 천가千家는 반쯤이나 산에 가려 있구나' 했다.

진봉면 심포리 거전과 길곶에 걸쳐 있는 산이 봉화산(39.3m)이고, 그 산에 봉화대가 있었다. 그 산을 지나면 심포항이다. 본래 만경군 하일면의 지역으로 갯가에 있으므로 심포 또는 짚은개라고 불렀다. 이곳 심포리에서 바라보는 서해 일몰이 아름다웠는데, 새만금이 들어서면서 바다로서의 기능을 잃어버리고 말았다. 백합이 많이 잡혀서 사람들의 발길이 끊이지 않았던 심포리를 지난 발길이 진봉산 자락의 망해사에 이른다.

김제시 진봉면 심포리에 있는 망해사望海寺는 만경강이 서해와 만나는 지점에 자리한 절로, 이름 그대로 바다를 바라보고 있다. 백제 의지왕 때 부설거사가 창건했다는 이 절 낙서전樂西殿, 법당인 극락전, 종루, 청조헌聽潮軒 등이 조촐하게 들어서 있는데, 낙서전이나 청조헌 등의 이름이 모두 바다를 보면서 파도 소리를 듣고 즐기는 곳이라는 뜻을 지니고 있다. 낙서전은 조선 인조 2년(1624)에 진묵대사震默大師가 지었다고 전해지는데, 바다 쪽으로 한쪽이 튀어나온 'ㄱ' 자 건물로 낙서전 마루에 걸터앉아 바다 건너 고군산열도를 바라보면 가슴이 활짝 열리는 것 같다. 유서 깊은 이 절을 문화재청에서 국가유산인 명승으로 지정 예고했으나 2024년 4월 14일에 극락전이 화재로 손실되고 말았다.

진묵대사는 이 절과 인연이 깊은데, 그는 석가의 소화신小化身이라 불릴 만큼 법력이 높았던 조선 중기의 승려로 김제 만경 태생이다. 선으로 마음을 가라앉히고 『불경』 읽는 일로 일생을 마친 그의 행적은 전설로만 남아 세상에

망해사

떠돌았다. 오랜 세월이 지난 뒤 은고隱皐 김기종이 전해 오는 이야기를 모아 초의대사에게 전기를 쓰게 했다. 진묵대사와 오랜 교분을 맺었던 봉곡鳳谷 김동준의 일기에 '이분은 중이기는 하나 유림의 행동을 했으니 슬픈 마음 참을 수 없다'라고 한 것으로 보아 진묵대사는 승려로서 『불경』뿐 아니라 유학에도 조예가 깊었음을 알 수 있다. 그는 홀로 된 모친을 전주 왜막촌倭幕村에 봉양했는데, 도술로 모기를 물리쳤다는 일화가 남아 있다. 모친이 세상을 뜨자 애통한 나머지 다음과 같은 글을 지었다.

어머니의 태 가운데에 있던 열 달의 은혜를 어떻게 보답하랴….
슬하에서 3년을 봉양해 온 일 잊을 수 없도다.
오래오래 사실 줄 믿어 왔는데 자식 된 심정 원망스럽기만 하여라.
백 년을 다 살지 못하신 어머니의 짤막한 수명이신가….
도시락 표주박을 허리에 차고 길에서 걸식하는 중이 된 신세로
아직도 시집을 보내지 못한 누이동생이 애처롭구나.
불단만 오르내리고 절간만 찾아다니는 중이 되어
첩첩한 산중을 헤매는 걸자 혼령은 어디 계신지,
아아, 슬프기만 하여라.

효성이 지극했던 진묵대사는 어머니가 세상을 떠나자 만경 북면北面 유앙산維仰山에 장사를 지냈다. 오늘날의 성모암 옆자린데, 그 자리가 연화부수형으로 명당 중의 명당이라고 한다. 어머니를 모신 그날, 진묵대사는 목수를 불러 현판을 만들고 스스로 붓을 들어 이렇게 썼다고 한다.

여기 이 묘는 만경현 불거촌에서 나서 출가 사문이 된 진묵일옥의 어머니를 모셨는바, 누구든지 풍년을 바라거나 질병 낫기를 바라거든 이 묘를 잘 받들지니라. 만일 정성껏 받든 이가 영험을 못 받았거든 이 진묵이 대신 결초보은하리라.

그 후 그 마을 사람들로부터 봉분을 사초하고 향화를 올리면 여러 가지 영험이 있다는 소문이 나서 오늘날까지 참배객들이 줄을 잇고 있다. 진묵대사는 이런 게를 남겼다.

하늘을 이불 삼고 땅으로 요를 펴 놓으니
산은 절로 베개로다.
달은 등불이요, 구름은 병풍이라.
바닷물로 술잔을 하여 거나하게 취한 끝에
일어서서 춤을 추고 싶은데
곤륜산에 소맷자락이 걸쳐지는 아니꼼이여.

망해사는 지금은 바다가 아닌 새만금을 바라보고 있다. 98㎞ 사행하천이었다가 일제 때의 직강화로 인해 82㎞로 줄어든 만경강의 하구는 김제시 진봉면과 군산시 회현면 사이다.

그런데 최근 망해사가 놀랍게 변신했다. 불과 몇 년 사이 만경강에 절묘하게 강과 어우러진 갈대숲이 나타난 것이다. 군산과 김제를 가로지르며 흐르는 만경강 하류에 세계적으로 이름을 널리 알린 순천만 갈대숲에 비견될 갈대숲이 자연스레 만들어졌다. 청하면 몽포에서 망해사를 지나 심포에 이르는 만경강 갈대숲에 최소한의 편의 시설을 만든다면 훌륭한 생태공원이 조성될 것이다. 만경강 건너에 있는 군산시 옥구읍 월연리 수산리 일대의 갈대숲을 환경친화적인 구름다리로 연결하여 새롭게 조성될 새만금 지역의 관광자원과 연계한다면 세계적인 관광지가 되지 않을까?

만경낙조전망대를 거친 서해랑길의 여정은 청하산 자락에 자리 잡은 청하면 동지산리의 새창이다리에 이른다. 전라북도 김제시 청하면 동지산리와 군산시 대야면 복교리를 잇는 새창이다리는 원래 신창 또는 신창진으로 불리던 포구로 만경강을 가로지른 만경교가 생기기 전에 나룻배로 사람들이 오고 갔던 곳이다.

전라북도의 젖줄인 만경강은 완주군 동상면 사봉리 밤샘에서 발원하여 우리나라 대아댐을 지나 고산과 봉동을 거쳐서 삼례의 비비정을 지난 뒤 익산의 목천포를 지나서 심포에서 새만금으로 들어가는 강이다. 이곳 신창진은 일제강점기 때 일본인들이 김제평야에서 나는 쌀을 가져가기 위해 만든 나루터였는데, 교통량이 많아지자 1933년에 시멘트로 다리를 놓았다. 이 다리를 두고 우리말로 '새창이다리' 또는 만경강을 건너는 다리라고 하여 '만경교'라고 했다. 그 뒤 다리가 노후화되고 교통량이 늘어나자 1988에 폭이 넓고 튼튼한 다리를 놓기 시작해서 1989년 2월 개통했다.

# 근대와 현대가 어우러진 군산의 서해랑길

우리나라에 현존하는 최초의 시멘트 다리라서 근대문화유산으로 지정된 새창이다리를 지난 서해랑길은 군산시 회현면 증석리에 접어든다. 만경 강가의 벌판을 개간할 때 자의적으로 개간한 것이 마치 시루의 구멍처럼 생겼다고 하여 증석이라고 이름 지은 증석리의 증석교를 지나 회현초등학교에 이른다. 옥산저수지라고도 부르는 군산저수지를 지나 백석 버스정류장에 닿고, 외당마을 버스정류장을 거쳐 은파호수공원으로 불리는 유원지에 도착한다.

내 마음은 호수요
그대 노 저어 오오

김동명의 시 한 소절이 생각나는 호수, 그 호수의 이름이 은파銀波인 곳이 있다. 언제 가도 수많은 사람이 걷고 또 걷는 길이 은파호수공원이다. 군산에 있는 은파호수공원의 옛 이름은 미제지米堤池인데, 『신증동국여지승람』 산천조에 다음과 같이 실려 있다.

> 미제지는 옥구현 북쪽 10리에 있으며 둘레가 일만구백십척(6.9㎞)이다.

김정호의『대동여지도』에도 실려 있는 미제지가 처음 등장한 곳은 1530년(중종 25)에 제작된 인문지리서인『여지승람』이다.

미제저수지가 언제 만들어졌는지는 확실하지 않지만 고려 시대로 거슬러 올라갈 수 있다. 추정하기로 김제의 벽골제, 고부의 눌제, 익산의 황등제 같은 삼한 시대의 저수지와 비슷한 시기에 만들어졌을 수도 있다. 옥구현의 곡창지대인 선제뜰에 물을 공급하던 미제지 이름의 어원은 '쌀물'이라는 우리말이다.

오랜 역사와 전설을 지닌 미제방죽은 1908년 탁지부에 의해 허가를 받은 뒤 옥구서부수리조합이 결성되었다. 이는 우리나라 수리조합의 시초가 되었는데, 그 당시 미제저수지는 지금의 모습보다 2분의 1 정도 작은 규모였다. 미제저수지 주변 남쪽에 가장 큰 마을인 미제지와 용둔리, 원당리, 신촌마을이 있었고, 북쪽으로는 절매마을과 한밝골, 보리마당, 새터마을이 있었다. 1910년 미제저수지를 둘러싸고 있던 마을 중에 미제리와 용둔리의 명칭에서 한 글자씩을 따서 미룡리라고 한 뒤 옥구군 미면에 편입시켰다. 1945년 미제저수지를 확장하면서 이 지역에 살던 사람들은 군산 최초의 수몰민이 되어 이곳을 떠났고, 이때부터 지금의 저수지 모습이 되었다.

미제저수지가 '은파銀波'라는 이름을 얻게 된 것은 그리 오래지 않다. 이곳 미제방죽에서 유원지 영업을 구상하던 사업가 류씨가 유원지 이름을 미제라고 쓰지 않고, 자신의 아버지 호인 은파라고 개명한 뒤 1972년 제출하여 1975년에 허가를 받으면서 은파라는 이름이 세상에 나타난 것이다.

군산群山이란 이름과 같이 올망졸망한 산들이 크고 작은 호수를 품고 있는 군산의 대표적 유원지인 은파호수공원은 물의 도시 군산을 대표하는 아름답고 넉넉한 호수다. 은파호수공원의 물빛다리, 별빛다리를 건너며 『장자』의 한 소절을 떠올린다.

장자와 혜자가 함께 호수의 다리 위를 거닐고 있었다. 장자가 말했다.
"피라미가 나와서 한가롭게 놀고 있으니 이것이 물고기들의 즐거움이겠지."
혜자가 말했다.
"자네는 물고기가 아닌데, 어찌 물고기의 즐거움을 알 수 있는가?"
장자가 말했다.
"자네는 내가 아닌데, 어떻게 내가 물고기의 즐거움을 모른다는 것을 알 수 있는가?"
혜자가 말했다.

"나는 자네가 아니니까 물론 자네의 즐거움을 모르지. 그렇다면 자네도 물고기가 아니니까 자네가 물고기의 즐거움을 알지 못한다는 것은 확실한 일이지."

"자, 처음으로 돌아가 보세. 자네는 나더러 '어찌 물고기의 즐거움을 알 수 있느냐'고 말했지. 이 말은 자네가 이미 내가 물고기의 즐거움을 안다는 것을 알고 물은 것이네. 나는 호숫가에서 물고기의 즐거움을 알 수 있네."

『장자』 '추수秋水'편에 실린 글이다. 은파호수공원에 노니는 물고기들은 자기들의 삶의 터전인 은파호수 위에 놓인 다리로 자신들에게 허가도 받지 않고 걸어가는 내 그림자를 보고 어떤 생각을 하고 있는 것일까?

군산항

서해안의 항구도시 군산은 조선 시대 옥구현에 딸린 조그만 포구였다. 부산항이 동래도호부에 딸린 작은 포구였다가 오늘날 우리나라에서 가장 큰 항구가 된 것처럼 군산도 한산한 포구였는데 1898년 조선에서 일곱 번째로 개항하면서 서해에서 큰 항구로 자리매김하게 된 것이다.

『신증동국여지승람』 옥구현 '건치연혁'에는 군산이 다음과 같이 실려 있다.

> 본래 백제 마서량현이었는데, 신라 때 지금 이름으로 고치어 임피현에 속했고, 고려 때도 그대로 했다. 본조 태조 6년에 진鎭을 설치하여 병마사로서 현의 일을 겸하게 했고, 세종 5년에 병마사를 고치어 첨절제사로 만들었다가 후에 현감으로 고쳤다.

『여지도서』 풍속조에 '바닷가 모퉁이 후미진 고을이지만, 인심은 착하고 꾸밈이 없다'라고 실려 있는 군산시는 본래 옥구군의 지역으로 옥구 읍내 북쪽이 되므로 북면이라 하여 군산포라 했다. 그 뒤 1397년에 옥구진을 두어 병마사로 현사를 겸하게 하고 이어서 군산진영을 두어 수군만호가 되었다. 고종 광무 3년인 1899년에 나라 안에서 일곱 번째로 개항이 되어 각국 거류지가 되면서 일본인들이 많이 들어와 살게 되었다.

1910년 10월 1일 군산부로 승격이 되면서 옥구군이 편입되었고 그때 군산의 지명들이 왜식 이름인 서빈정, 빈정, 본전통, 대화정 등으로 바뀌었다. 1914년 군면 통폐합에 따라 임피군과 함열군 일부 그리고 전라남도였던 고군산군도 일대, 충청남도 오천군 일부가 통폐합되었다.

그러나 일제강점기 군산 지역 사람들의 삶은 황폐하기만 했다. 1930년대에 군산을 찾았던 시조 시인이자 국문학자인 가람 이병기는 「사비성을 찾는 길에」라는 기행문에서 군산의 현실을 다음과 같이 토로했다.

> 그때 보던 군산은 벌써 꿈과 같아 잘 기억할 수 없으나 지금 보는 군산과는 판연히 다른 줄 안다. 그때는 저렇게 일본식 가옥이나 서양식 건축물이 많지 못하고 저렇게 시가도 번창하고 정리되지 못하고 조선인 부락도 저렇게 되지는 아니했다. 과연 금석今昔의 감이 없지 못하다. 더구나 군산은 조선 미곡의 도회로서 해마다 수백만 석이 모여들었다가 그것이 모두 일본으로 건너가고 조선인들은 집도 없이 한 편으로 몰려 움을 묻고 산다는 말을 들음에랴.

그런데 지금은 어떤가. 일제강점기를 지난 뒤 군산은 놀랍도록 변모했으며, 그 당시의 흔적이 오늘날의 군산 관광의 한 축이 되었으니, 역사란 얼마나 많은 비밀을 숨겨 놓고 사람들을 기다리고 있는가를 추론할 수 있다.

은파호수공원을 지난 발길은 군산 시민의 휴식처인 월명산의 산길에 접어든다. 봄이면 비처럼 흩날리는 벚꽃들의 향연이 펼쳐지고, 여름이면 녹음 무성한 나무 그늘이 사람들의 쉼터가 되며, 가을이면 눈이 부시게 푸르른 서해 바다가 가슴속으로 파고든다. 바람으로 머리 빗질을 하며 걷는 울창한 소나무 숲에서 뿜어져 나오는 진한 향을 따라 펼쳐진 등산로와 산책로, 가히 '참으로 좋다'고 경탄할 수밖에 없는 월명공원이 군산에 있다는 것은 군산 시민들의 축복이다.

3.1운동기념비를 지나며 월명공원이 끝나고 일제강점기 때 만든 해망굴에 이른다. 개항 이후 1945년 8월 15일 해방되기 전까지 일제 시대의 자취가 고스란히 남아 있는 곳이 군산시 장미동과 월명동, 신흥동과 군산 내항 일대다. 군산세관을 비롯해 장기십팔은행 군산지점, 조선은행, 히로쓰 가옥 등 일본식

군산세관

히로쓰 가옥

건물들을 볼 수 있다.

로마의 장군이었던 푸블리우스 스피키오는 기원전 216년 칸나이에서 카르타고 장군 한니발이 로마군을 대학살하던 그때 살아남았던 사람으로 그 당시를 다음과 같이 회고했다.

> "지금 우리는 과거의 영화를 자랑했던 제국의 멸망이라는 위대한 순간을 목격하고 있다. 하지만 지금 이 순간 내 가슴을 차지하고 있는 것은 승리의 기쁨이 아니라 언젠가는 우리 로마도 이와 똑같은 순간을 맞이할 거라는 비애감이다."

스피키오의 말이 문득 떠오르는 곳이 군산의 구 조선은행 건물이다. 일제 식민지 시대 이곳 군산에 살았던 사람들에게 조선은행은 저마다 다른 상념을 자아내게 하는 일제의 상징적 건물이었을 것이다. 불과 이십여 년 남짓 제 역할을 하고, 온갖 부침의 세월을 겪었던 조선은행은 군산 내항과 군산시의 원도심을 가로지르는 국도 21호선 군산시 장미동에 인접한 백년광장 동쪽에 자리 잡고 있다.

1923년 이 건물이 신축되었을 당시에 서울 이외의 도시에서는 이와 같은 큰 건물을 볼 수가 없었으며 군산에서 최고로 큰 건물이었다. 외부에서 볼 때는 2층이지만 본래 높이는 4층 건물인 이 은행의 설립 배경은 대한제국 말기로 거슬러 올라간다. 그 당시 은행이 없었던 우리나라에 1878년 다이이치은행(제일은행)이 처음으로 부산에 설립되었다. 그 뒤 다이이치은행은 민족은행이 없었던 대한제국의 국책은행 역할을 하면서 세력을 확장해 나갔고, 국책은행의 필요성을 인식한 대한제국이 다이이치은행의 업무를 인수했다. 그러다 한일합방이 되면서 조선총독부에 의해 조선은행으로 명칭이 변경되었고, 조선

총독부의 직속 금융기관으로 전락하고 말았다.

군산의 일제 시대 상징인 구 조선은행은 채만식의 소설『탁류濁流』의 주인공 고재수가 근무하던 건물이었다. 해방 이후에 조선은행이 한국은행이 되고, 건물은 한일은행 군산지점으로 사용되다가 유흥시설로 바뀌었다. 현재는 군산의 근대사를 보여 주는 '근대문화유산'으로 군산을 찾고 있는 사람들에게 많은 시사점을 던져 주고 있다.

구 조선은행 건물에서 해망로를 따라 걷다 만나는 일제 시대의 건물이 예전 장기십팔은행 군산지점이다. 일제 시대에 일본으로 미곡을 반출하고 토지를 강매하기 위한 목적으로 세워진 이 은행 건물은 해방 이후 대한통운 군산지점으로 사용되었다가, 생활용품판매점이 되고, 지금은 옛 모습으로 남아 있다.

군산의 명물 째보선창을 지난 서해랑길의 여정은 진포시비공원에 이른다. 2007년 6월에 개장한 진포시비공원은 고려 말 최무선 장군이 화포를 사용하여 왜군에 크게 이긴 진포대첩의 승리를 기념하고 지역 주민들에게 좀 더 나은 휴식 공간을 제공하기 위해서 건립되었다. 그렇다면 고려 말의 큰 싸움 진포대첩은 어떤 연유를 가진 싸움인가?

이곳 진포에서 왜구와 고려 수군 사이에 큰 싸움이 있었다. 1380년 8월 왜구의 배 500척이 침략해 오자 최무선을 비롯한 세 장수가 최무선이 설계하고 감독하여 만든 80여 척의 병선과 새로 만든 무기인 화통과 화포를 싣고 진포에 도착했다. 새로운 병기를 만든 최무선도 그 효과가 의심스러웠는데, 적선에 다가가 일제히 화포를 쏘자 쌀을 싣기 위해 밧줄로 묶여 있던 왜구의 배는 한꺼번에 불타고 왜구들 대부분이 물에 빠져 죽고 말았다. 이것이 바로 진포대첩이었다. 오늘날 군산 지역에서는 최무선의 진포대첩을 기리는 진포 문화제를 열고 있다.

한편 진포시비공원에는 신석정, 이병훈, 고은 등 전라북도 출신 3명을 포함한 국내 유명 시인 14명과 릴케를 비롯한 외국 유명 시인 6명의 작품 등 국정교과서나 세계 시인 사전에 수록된 시 작품을 새긴 42점의 시비를 세워 놓았다.

시비공원에서 경암동 철길마을은 멀지 않다. 베트남에서 가장 이색적인 여행코스가 베트남 하노이 기찻길마을이다. 좁은 골목 사이 철길로 매일 아침 6시와 저녁 7시가 되면 기차가 지나가서 세계적인 여행코스로 자리 잡았는데, 선로를 중심으로 베트남 사람들의 일상 풍경을 아주 가까이서 체험할 수 있는 이곳에는 이름난 카페들과 음식점들이 즐비하다. 그런 기찻길마을이 군산의 경암동 철길이다. 해방되기 한 해 전인 1944년 전라북도 군산시 경암동에 준공하여 신문 용지 재료를 생산하던 페이퍼코리아 공장과 군산역을 연결하는 총연장 2.5㎞ 철로 주변에 형성된 마을을 경암동 철길마을이라 부르기 시작했다. 철도 주변에 사람들이 모여 살기 시작했고 1970년대 들어 본격적으로 마을이 형성되었다. 이 철도를 1950년대 중반까지는 '북선 제지 철도'로 불렀고, 1970년대 초까지는 '고려 제지 철도', 그 이후에는 '세대 제지선' 혹은 '세풍 철도'로 부르다 세풍 그룹이 부도나면서 새로 인수한 업체 이름을 따서 현재는 '페이퍼코리아선' 또는 경암선 철길로 부르고 있다.

경암동 철길마을에서 군산 하굿둑으로 가기 전에 만나는 문화공간이 군산을 군산답게 노래한 작가 채만식의 문학관이다. 군산시 임피면에서 태어나 일제강점기의 암담한 현실을 풍자와 해학으로 풀어낸 소설가 채만식은 『탁류』에서 금강 하류 지역에 자리 잡은 군산을 다음과 같이 설명하고 있다.

> 백마강은 공주 곰나루(웅진, 雄鎭)에서부터 시작하여 백제 흥망의 꿈 자취를 더듬어 흐른다. 풍월도 좋거니와 물도 맑다. 그러나 그것

도 부여 전후가 한참이다. 강경에 다다르면 장꾼들의 흥정하는 소리와 생선 비린내에 고요하던 수면의 꿈은 깨어진다. 물은 탁하다. 예서부터 옳게 금강이다. 이렇게 에두르고 휘몰아 멀리 흘러온 물이 마침내 황해 바다에다가 깨어진 꿈이고 무엇이고 탁류째 얼러 좌르르 쏟아져 버리면서 강은 다하고, 강이 다하는 남쪽 언덕으로 대처(시가지, 市街地) 하나가 올라앉았다. 이것이 군산이라는 항구요 이야기는 예서부터 실마리가 풀린다.

채만식은 1902년 6월 17일 전북 옥구군 임피면 읍내리에서 부농인 채규섭蔡奎燮의 5남으로 태어났다. 일제강점기의 시대 상황을 세밀하게 묘사한 『탁류』『태평천하』『레드메이드 인생』 등 풍자와 해학을 담아 낸 수많은 소설을 발표했던 소설가 채만식의 삶은 순탄하지 않았다. 일제 말에 〈매일신보〉에 일제를 찬양하는 글을 써서 친일문학가로 알려져 가난한 삶을 이어 갔다. 그가 얼마나 가난하게 살았는지를 짐작게 하는 글이 그를 가까이 따랐던 후배 장영창에게 보낸 편지에 남아 있다.

장군張君, 인편이 허락하는 대로 원고지 20권만 보내 주오. 내가 건강이 좋아져서 글이라도 쓰려고 하는 것같이 생각할는지 모르지만, 사실은 그렇지 않네. 나는 일평생을 두고 원고지를 풍부하게 가져 본 일이 없네. 이제 임종臨終의 어느 예감을 느끼게 되는 나로서는 죽을 때나마 한번 머리 옆에다 원고용지를 수북이 놓아 보고 싶은 걸세.

채만식은 한국전쟁을 두 주일 남기고 1950년 6월 11일 익산시 마동에서 지난한 생을 마감했다. 채만식문학관 지척에 있는 곳이 금강 하굿둑이고, 이곳에서 동쪽으로 보이는 산이 오성산이다. 오성산에는 다음과 같은 전설이 내려온다.

당나라 장수 소정방이 백제를 치러 왔다가 안개가 자욱해 더 나아가지를 못했다. 이때 안개 속에서 다섯 노인이 나타나자 길을 몰라 당황한 소정방이 그들에게 길을 물었는데, 그들이 대답하기를 "너희들이 우리나라를 치러 왔는데 어찌 우리가 길을 가르쳐 주겠느냐"며 거절했다. 화가 난 소정방은 그 자리에서 노인들의 목을 쳐서 죽였다. 그 뒤 인근 성산 주민들이 시신을 거두어 그 노인들을 성인이라고 칭송한 뒤 제사를 지내 주었고, 그때부터 이 산을 오성산이라 부르게 되었다고 한다.

오성산 자락을 흘러 금강 하굿둑으로 가는 강이 비단강이라고 부르는 금강이다.

> "강을 보라. 수많은 우여곡절 끝에 그 근원인 바다로 들어가지 않는가?"

독일의 철학자 니체가 갈파한 대로 수많은 사연과 이야기를 안고 흐르는 금강은 전라북도 장수군 장수읍 수분리에 있는 신무산 뜬봉샘에서부터 시작된다. 작은 샘에서 시작된 물줄기가 하나하나의 지류를 받아들이며 진안과 무주, 금산과 영동을 흐른다. 대청댐에서 다시 여러 물줄기를 받아들인 뒤 신탄진 나루가 있던 신탄진을 지나 세종시에 이르고, 창벽 부근에서 공주강이 되어 공산성에 이른다. 공산성을 휘감은 뒤 곰나루에 이르면 이곳에서 부여까지를 백마강이라 부른다. 논산시 강경읍에 이르러 강경강이 되고, 익산을 거쳐 서천과 군산 사이 금강 하굿둑에서 서해 바다로 들어간다.

나라 안에서 여섯 번째이며 남한에서는 낙동강, 한강에 이어 세 번째로 길고, 총 유역 면적만 해도 9,886㎢에 이르는 금강을 중국 당나라의 역사서인 『당서』는 웅진강熊津江이라고 기록했다. 금錦은 원어 '곰'의 사음寫音으로, 곰이라는 말은 아직도 공주의 곰나루라는 명칭에 남아 있다.

전라북도 군산시 성산면 성덕리와 충청남도 서천군 마서면 도삼리를 잇는 금강하구를 막아 금강 하굿둑이 완공된 것은 1990년이었다. 충청남도·전라북도의 도계를 이루면서 군산만群山灣으로 흘러드는 금강하구를 막아 건설한 방조제의 총 길이는 1,841m이고 연간 3억 6천만t의 담수를 공급한다. 전라북도와 충청남도 일원에 농업용수와 공업용수를 공급하고, 금강 주변 지역의 홍수를 조절하기 위해 만든 금강 하굿둑을 지나면 충청남도 서천군 마서면 당선리에 이른다.

3장

# 서해랑길
# 세 번째 구간

# 산 열리고 들 넓으니 푸른 하늘 나지막한 서천군

'한산 세모시'로 이름난 서천은 백제 때는 설림군舌林郡 또는 남양南陽이라고 불리다가 일제강점기인 1914년에 비인군과 한산군을 합쳐서 서천군이 되었다. 금강을 가운데 두고 군산과 마주 보고 있는 이곳 서천을 이승소가 "산 열리고 들 넓으니 푸른 하늘 나지막한데, 말 놓고 돌아오니 낮닭 우는 소리 들린다. 맑은 시냇물 흰 비단 펼쳐놓은 듯, 멀리 별포로 통해 흐르고, 밭두둑 수놓은 듯 착잡하여 긴 방죽에 둘렀구나"라고 노래했듯이, 서천군의 서천평야는 충남 지역의 대표적 평야다.

서천군 마서면 당선리堂仙里는 본래 서천군 마길면의 지역으로 마을 뒤에 당산이 있으므로 당산 또는 당선이라 했다. 하굿둑을 건너기 전에 서천 땅을 바라보던 것과 달리 바다 건너 군산 지역을 바라보며 걷는데 금강 하굿둑 아래 바다는 짙푸르다. 당개산 자락을 지나 장항읍 원모리와 수여리의 이름을 따서 지은 원수리에는 1917년까지 배가 있었던 소티나루터가 있고, 용단산 아래에는 1931년까지 사용되었던 용당나루가 있으며, 기우제를 지내던 용당사가 있었다.

원수리를 지난 여정은 장항도선장 입구에 이른다. 1980년대 초반 서울에서 장항선 열차를 타고 장항으로 내려와 이곳 도선장에서 군산으로 가는 배를 타고 가던 추억이 남아 있는 곳이 장항도선장인데, 이곳에 도선장이 들어선 것은 1934년이었다. 금강하구를 사이에 두고 군산시와 장항읍 사이를 오가는 지역민들의 이동 편의를 위해 설치한 것이다. 해방 이후 도선 사업소를 설치하여 군산시와 장항읍 간 도선 사업을 군산시가 직접 운영하다가 1984년에 설립한 금강 도선 공사로 운영권이 넘어갔다. 2001년 1월 민간 업체인 월명토건에 인수되어 운영되다 2009년 운영이 중단되었다.

이곳 장항을 나라 사람들에게 널리 알린 것은 장항제련소였다. 충청남도 서천군 장항읍에 있는 종합비철금속제련소인 장항제련소는 일제강점기인 1936년 조선제련주식회사로 설립되어 공장조업이 개시되었다.

우리나라 비철금속제련의 중추적 역할을 담당해 왔던 장항제련소는 초기에 동제련공장만을 설치해서 운영되다가 해방 이후 1964년에는 연제련공장이 준공되었다. 1974년과 1976년에 동제련공장이 2차에 걸쳐 증설되었지만 1983년에 귀금속공장을 온산제련소로 이전했으며 1984년에 주석朱錫제련공장을 준공한 뒤, 동·연·주석의 전문제련소가 되었다. 여러 차례의 변천 과정을 거쳐 충청남도와 서천군, 엘에스LS메탈은 옛 장항제련소 안 6만 6,000㎡ 터에 동합금 압연소재 부품공장을 신설하는 것을 뼈대로 하는 투자유치협약MOU을 맺었다.

지금도 장항읍에 우뚝 서 있는 제련소 굴뚝을 보면서 장항 송림리로 향한다. 본래 서천군 남부면 지역으로 그 지형이 목처럼 생겨서 목리 또는 항이라고 부르다가 1947년 송림동으로 고친 장항읍 송림리에 장항 송림산림욕장이 있다. 송림산림욕장은 2020년 산림청에서 국가산림문화자산으로 지정한 곳

으로 서천을 대표하는 자연경관이다.

해송이 울울창창하게 우거진 숲으로 해변을 따라 길이 약 1.5㎞에 이르는 해안과 어우러진 산림욕장에 소나무를 심은 것은 그리 오래전 일이 아니다. 바다와 인접하기 때문에 해풍으로 인해 모래 날림이 심각해지자 마을주민들이 이를 방지하기 위해 소나무를 심으면서 조성되었다. 그 뒤 송림이나 모래밭에서도 잘 자라는 맥문동을 심어 전국 최대 규모의 맥문동 단지를 조성하면서 수많은 사람이 찾고 있다.

솔숲을 지나 장항읍 옥남리로 향한다. 옥포 남쪽이라 옥남리라고 이름 지은 '평사낙안'의 명당이 있다는 날머리(비두리)와 모양이 누에머리처럼 생긴 누에머리(잠두)산이 있고, 바닷물이 많이 들어왔다는 왜물재가 있다.

마서면 죽산리의 소매마을은 지형이 소처럼 생긴 산이라고 해서 우산 또는 하소마을이라고 부른다. 소매 마을회관을 지나서 마서면 송석리 마을회관으로 향한다. 동지산 마을회관을 지나서 종천면 장구리로 향한다. 북내라고 불린 종천鐘川가에 있으므로 북내, 부내 또는 종천이라고 부르는 종천리 장구리는 지형이 장구처럼 곶을 이루어서 지어진 이름이다.

장구2리 마을회관을 지나 비인면 다사리 다사항에 이른다. 오늘날의 비인면, 종천면, 판교면, 서면이 이 지역에 해당한다. '토지는 메마르고 백성들은 검소하다. 고기잡이와 농사에 힘을 다한다'라고 실려 있는 비인을 두고 이승소는 다음과 같은 시를 남겼다.

한 조각 높은 성이 바닷가를 굽어보고 있는데
푸른 하늘은 물과 같고, 물은 하늘과 같구나.
바람 불어오니 밀려오는 조수 소리 장하고
해 뜨면 청홍빛 신기와 임한다.

작은 섬에 뜬구름은 암담暗淡한 연기요
큰 고래 물거품을 희롱하니 눈 더미가 무너지는 듯,
금자라 등 위에 신선의 반려들이
홍진 속에 세어 빠진 살쩍 보고 웃으리라.

1914년까지 비인군 군내면이었다가 서천군에 속하게 된 비인면 다사리는 다사내 또는 다시래라는 갯가에 있어서 다사리라는 이름이 지어졌다.

다시래에는 다사리염전이 있고, 다사항을 지나 도착한 비인면 다사리에서 서해랑길을 따라간 곳에 장포리의 장진개마을이 있다. 장진개 북쪽에는 예전에 세곡을 쌓아 두던 창고가 있었고, 장포리의 으뜸 마을인 지리실마을에 이른다. 흙이 몹시 질다고 알려진 지리실마을을 지나 비인해변을 향해 걸어간 곳에 비인해수욕장과 선도리 갯벌체험마을이 있다. 해변 길이가 2.5㎞인 비인해수욕장은 폭이 700m로 광활한 해변이다. 해송림에 둘러싸여 있어서 아늑한 비인해수욕장은 조수간만의 차가 커 썰물 때면 2~3㎞의 갯벌이 펼쳐지므로 해수욕과 갯벌 체험을 동시에 즐길 수 있다.

본래 비인군 군내면 지역으로 배가 드나들었으므로 배들이 또는 선입이라 불렀던 곳이 비인해수욕장이고, 그 서쪽에 있는 마을이 소나무가 무성한 솔머리마을이다. 선동마을 서쪽에 있는 작은 섬 두 개를 쌍도라고 부르며, 예전에 할미섬이라고 불렀던 고도는 육지로 변하고 말았다.

서울시 서천 선도리의 지척에 있는 비인면 성내리에 백제 시대 탑으로 아름답다고 소문이 자자한 비인리 오층석탑이 있다. '잃어버린 왕국'으로 표현되는 백제의 땅에서 아름다운 백제 탑을 찾기란 쉽지가 않다. 그만큼 백제 멸망 이후 백제의 문화재들이 수난을 받았다는 이야기일 것이다. 남아 있는 것은 부여 정림사지 오층석탑, 왕궁리 오층석탑, 은선리 삼층석탑, 장하리 삼층석탑과

비인 오층석탑

미륵사지 석탑 등 몇 개뿐인데 그중 하나를 비인에서 만날 수 있다.

서천군 비인면 성북리 한 귀퉁이에 우뚝 서 있는 비인 오층석탑은 서천군에 있는 단 하나의 보물(제224호)이다. 높이가 6.2m인 이 탑은 백제 탑의 전형을 이룬 정림사지 오층석탑의 세부 양식을 가장 충실하게 모방했다는 평가를 받는다. 그러나 기단이 협소하고 2층 이상의 탑신석들이 지나치게 감축되었으며, 각 층의 옥개석들이 지나치게 커서 안정감을 잃고 있다. 조성 연대가 고려 시대로 추정되는 이 탑은 현재 마을 귀퉁이에 쓸쓸히 서 있다. 백제의 여인처럼 바라볼수록 아름다운 그 탑을 두고 시 한 편을 썼다.

**비인 오층석탑에서**

– 탑 옆에 서 있던 살구나무

눈에 넣어도 아프지 않을

조선 여인같이 다소곳하게 서 있는
백제 탑 옆에
다소곳하게
살구나무 한 그루 서 있었지.
어느 해 초여름
그곳을 지나던 나그네
정림사지 오층석탑을 빼닮은
아름다운 그 탑을 하염없이 바라보다가
처녀의 해맑은 볼같이
잘 익은 살구를 보았지.
무심코 몇 개를 따서
돌아가던 길
잘 익은 살구를 뽀개어
입에 넣었지.
극락에서 따 온 듯
말로는 표현조차 할 수 없는 그 맛에 이끌려
그곳으로 다시 가
손안 가득
그 살구를 따 왔지.
어느 해 초여름
다시 비인성 북쪽
그 탑을 찾아갔지.
아니 성북 쪽에 있는
살구나무를 찾아갔지.

그런디.
살구나무는 온데간데없이 사라지고
긴 그림자 드리운 탑만
덩그렇게 서 있었지.
조선의 새악시 같은
탑 옆에
살구꽃 피고
살구가 익고
이름 모를 나그네
살구 따 먹고
그렇게
대대손손 세세 천년 이어져서
천연기념물로 남을 뻔했던
살구나무가 사라져
더 외롭게 보이던
서천 비인 성북리 오층석탑.

비인해변을 따라 올라가 쌍도에 이르고, 월하성마을을 지나면 차박으로 널리 알려진 띠섬목해수욕장이 있다. 알찬 앞과 월호리 사이에 있는 띠섬은 모도라고도 부른다.

서울시서천연수원을 지나 서천군 서면 신합리에 이른다. 신합리 중앙에 있는 마을인 합전마을은 예전에 바닷물이 드나들어 조개가 많았다고 해서 지어진 이름이고, 합전 북쪽에 있는 버머성국이라는 산이 있는데, 산의 모양이 호랑이를 닮았다고 한다. 바다 건너 마량리에는 조선 중기인 효종 7년에 남포현에 있던 진鎭을 옮긴 마량진 터가 있고, 그곳에서는 서천 일대에서 뜨는 일출을 볼 수가 있어서 신년에는 발 디딜 틈이 없다.

해오름 관광농원을 지나고 서도초등학교를 지나 옛 이름이 틈개로 탄동 또는 홍원이라고 부르는 홍원항에 이른다. 바다낚시를 즐기기 좋고, 자연산 회를 맛볼 수 있는 항구인 홍원항은 춘장대해수욕장으로 가는 길목에 있다. 춘장대해수욕장과 동백정이 있는 언덕 사이의 움푹한 만灣에 있는 항구로 항구의 전경이 한눈에 들어올 만큼 규모는 작은 편이다. 그러나 서해의 주요 어장인 외연도와 연도 어장에서 가장 가까우며 서해안 항구 중에서는 유달리 조수간만의 차이가 적은 편이라서 어선들이 많이 출입한다. 나라 안 항구 중에서도 '집 나간 며느리가 돌아 온다'고 널리 알려진 전어가 가장 많이 잡히기 때문에 매년 9월과 10월 사이 약 2주 동안 '서천 전어 축제'가 열리며 야경이 아름다워 관광객들이 많이 찾고 있다.

끝 간 데 모르게 펼쳐진 바다와 흔들리는 물결, 그 사이를 두고 노을이 붉

홍원항

춘장대해수욕장

게 타오르며, 갈매기 몇 마리 날아오른다. 그래, 산다는 것은 매 순간 이렇게 흔들리고 흔들리는 것이다. 그때 문득 내 젊은 날의 영혼을 드세게 뛰놀게 하면서 삶의 의지를 불태우게 했던 앙드레 지드의 『지상의 양식』 3장의 마지막 소절이 섬광처럼 떠올랐다.

> 부단히 움직이는 물결들이여! 나의 사상을 그처럼 비틀거리게 한 것은 너희들이다. 너는 아무것도 파도 위에 세울 수 없으리라. 어떤 무게로 눌러도 파도는 달아나고 만다.
> 이 시름 많은 표류 끝에, 이 정처 없는 방호항 끝에, 따사로운 항구는 나타날 것인가? 그리하여 회전 등대 가까이 견고한 제방 위에서 마침내 안식을 찾는 나의 영혼은 바다를 바라볼 수 있을 것인가?

## 아침은 언제나 기적처럼 온다

아침은 언제나 기적처럼 온다. 아프던 다리의 통증이 언제 아팠느냐는 듯

춘장대 동백정

말끔히 사라져 몇백 리라도 더 걸을 것 같은 아침, 홍원항에서 춘장대해수욕장이 멀지 않다.

충청남도 서천군 서면에 있는 춘장대해수욕장은 한국관광공사가 선정한 전국 자연학습장 8선으로 꼽힌 아름다운 해수욕장이다. 울창한 해송과 아카시아 숲이 해안을 따라 이어져 서해안에서는 보기 드물게 아름다운 풍광을 자랑하는 해수욕장으로 길이 2㎞에 폭 200m의 넓은 백사장이 있다. 수심이 얕고 완만하며 파도가 잔잔해서 해수욕을 즐기기에 적당하고 모래 갯벌에서는 조개나 개불, 그리고 낙지 등을 잡으며 생태 체험을 할 수 있는 천혜의 조건을 가진 곳이다.

춘장대라는 이름이 지어진 연유는 여러 개다. 근처 동백정에 해수욕장이 있었지만 1980년대 서천화력발전소가 건설되자 그 대안으로 대토지 소유자 민완기 씨가 이곳에 서너 개의 방갈로를 만들고 자신의 호 춘장을 따서 춘장대라고 명명했다는 설이 있고, 동백꽃이 길게 우거진 모습을 본떠 춘장대라고 지었다는 설도 함께 전해지고 있다.

이색적으로 풍차가 서 있는 춘장대해수욕장의 끝에는 전망대가 서 있고, 도로를 따라 부사리에 이르면 서해랑길은 보령시 웅천면으로 이어진 약 2.5㎞의 부사방조제에 이른다. 망망한 서해 바다를 바라보며 걷는 방조제 길, 웅천읍을 거쳐 온 웅천천이 바다로 유입되는 것을 보며 걷다 보니 부사방조제의 끝이면서 보령시에 접어든 것이다.

# 땅이 다함에
# 창망한 바다와 면한 보령시

동해 해파랑길을 걷다가 보면 시군이 교차하는 곳에는 대부분 지경이라는 마을이 있는데, 서해안은 그런 이름이 없다. 동해안과 서해안의 차이가 그런 것인가? 부사방조제의 끝에는 기념탑이 세워져 있고, 환경부, 해양수산부와 국방부 관할 소황사구를 보호하고 통제하는 안내판이 세워져 있다.

소황리 일대는 원래 1914년에 보령에 통합된 남포군 지역이다. 이안우의 시에 '북녘을 돌아보니 구름이 깊은 구령에서 생겨 나오고, 남쪽을 굽어보니 바다 물결이 하늘과 접했구나. 좋은 바람 때마침 이르니, 마음도 쾌하여 변방의 일을 주획籌劃하는 다락에 앉아 있네'라고 했다. 또한 이승소가 '만고에 외로운 옛 성이 있는데, 바깥 바다와 안의 산이 웅장하도다. 산 아지랑이 깊어 항상 비를 지어내고, 바다가 가까우니 바람 많은 것이 괴롭다. 소금 굽는 가마에선 불 때는 연기 하얗게 오르고, 어부의 마을은 반조返照로 붉게 물들었다. 대나무 숲속을 뚫고 지나가니, 푸른 눈 조각이 분분히 길 가운데 흩어지네'라고 노래한 바 있다. 다음은 서거정이 이곳 남포를 노래한 글이다.

남쪽 바닷가에 자리 잡은 옛 고을
뛰어나구나, 강산이며 땅의 형세.
섬에서 피어오르는 연기, 비도 잘 지어내고
강가에 선 나무, 바람도 쉬이 만들어 내네.
포도에 물들어 푸른 물
연꽃을 찌어 붉그레한 안개
누런 대나무 숲길에 깔린 모래
한 폭의 그림에 빠진 이내 몸.

남포가 고향인 사람이 고려 때의 백문절이다. 그는 고종 때 벼슬에 합격하여 여러 벼슬을 거쳐 국학대사성에 이르렀다. 글솜씨가 훌륭하여 붓만 대면 순식간에 문장을 이루어서 당대의 추앙을 받았다고 하는데, 그가 완주의 화암사에서 쓴 글은 지금도 명문 중의 하나다.

한편, 남포의 특산물로는 남포오석과 은어가 있다. 남포오석은 나라에서 첫손에 꼽히는 비석 재료로, 성주사지에 있는 낭혜화상백월보광탑비와 파고다공원의 3.1독립선언비, 동작동 국립묘지에 있는 박정희 전 대통령의 무덤에 세워진 비가 남포오석으로 만든 것이다. 『신증동국여지승람』에 이곳 성주산 서쪽에서 나는 연석硯石이 좋다고 쓰였으며 비석은 검은색으로 상품이라 했는데 지금도 남포오석은 나라 안에서 가장 질이 좋은 오석으로 알려져 있다.

남포군 웅천면 지역으로 황골 남쪽에 있는 작은 마을이라서 이름 지어진 소황마을 사구 안쪽에 장안해수욕장이 있다. 웅천면 황교리는 대황과 배다리라고 부르는 주교의 이름을 따서 지은 이름이다. 이곳 황교리에 충청수군절세사영에 딸린 마량진이 있어서 구진舊鎭이라고 부르고 있다. 해안 접근 제한이라고 쓰인 표지판을 따라가니 멀리 남포방조제가 보인다. 웅천면 독산리는 홀로된 산이 있어서 홀미 또는 홀뫼라고 부르는데, 독대섬 아래 독산해수욕장이 길게 펼쳐져 있다.

해변가 길에 항공기 사격 경고 표지판이 서 있다.

온갖 것 보러 태어났건만 온갖 것 보아서는 안 된다 하더라.

괴테의『파우스트』의 한 소절을 떠올리며 걸어가다 보니 보령시의 무창포해수욕장에 이른다.

내가 두 발로 걷고 있는 보령시가 오천군, 남포군, 보령군을 통합하여 보령군으로 개편된 것은 1914년이었다. '대천 바다도 짚어 보고 건너라'라는 말이 있을 정도로 바닷물이 얕으며 바다 밑이 고른 보령시의 남포면을 고득종은 "마루 창을 여니 푸른 산과 마주 본다"라고 노래했다.

보령시 운천면 관당리와 독산리 일원에 걸쳐 있는 무창포해수욕장은 원래 조선 시대에 군창지였다. 1928년 서해안에서 최초로 해수욕장이 개장되었으며 백사장의 길이가 1.3㎞에 이른다. 경사가 완만한 무창포해수욕장은 인근 해안가에 해당화가 만발하는 조용하기 이를 데 없다는 해수욕장이었다. 그러다 4월 초이틀 10시 무렵 무창포 바다가 모세의 기적처럼 갈라진다는 것이 언론에 알려진 뒤부터 이곳은 그때가 되면 인산인해를 이룬다.

빼곡히 들어찬 사람들의 숲을 지나 바닷길에 들어선다. 무창포 백사장에서 솔숲 우거진 석대도까지의 바다는 그 깊은 속살을 부끄럼 없이 드러내고 있다. 우리는 바닷길을 따라 사람들의 물결 속으로 빠져들어 갔다. 사람들은 몸을 구부린 채 조개며 성게며 하는 바다 생물을 잡느라 여념이 없다. 현대판 모세의 기적이라 알려진 진도와 무창포에서 석대도까지의 바닷길이 세인들의 눈길을 끌고 있지만 모세의 기적이란 다른 게 아니다. 지형적인 요인과 더불어

태양의 위치가 일 년 중 가장 가까워질 때 일어나는 한 현상으로 바다 밑에서 가장 도드라지게 돌출해 있던 부분이 바다가 갈라지며 드러나는 것처럼 보이는 것이다.

무창포해수욕장을 지나자 수산지원센터에 이르고 그곳에서 용두해수욕장은 약 1.5km에 이른다. 남포면 월전리의 병풍바위는 보리석 서쪽에 있는 바위로 맥도유적, 자마석이라고 부르는데, 이 바위 앞 평평한 돌 위에 밤 자시가 되면 도는 자마석이 있었다고 한다. 어느 때인지 모르게 그 바위가 사라져 버렸는데, 이곳에서 신라 때의 문장가인 최치원이 공부를 했다고 한다.

지형이 용의 머리처럼 생겨서 마을 이름이 용머리인 이곳에 있는 해수욕장이 용두해수욕장이고 그 끝자락에 보령 요트경기장이 있으며, 남포방조제가 시작되고 멀리 죽도가 보인다. 울창한 나무숲과 기암절벽으로 이루어진 죽도는 대섬으로 불리는데, 원래는 섬이었다가 육지로 연결된 이 섬은 관광특구로 지정되었다.

대천항

남포방조제 끝부분에는 준공 기념비가 세워져 있고, 여기서부터 군 시설이 있어서 바닷가를 따라 걷지 못하고 1.4㎞를 우회하자 대천해수욕장에 도착한다. 1930년에 개장한 대천해수욕장은 서해안 최대의 해수욕장으로 백사장 길이가 3.5㎞이고, 너비는 100m, 면적은 3만㎡이며 평균 수심은 1.5m이다. 동양의 바닷가에서는 보기 드물게 백사장의 모래의 질이 조개껍질이 잘게 부서진 패각분으로 이루어졌기 때문에 몸에 달라붙지 않으며 물에 잘 씻긴다. 수심이 얕고 경사가 완만하여 해수욕을 즐기기 알맞은 곳이다. 특히 머드 축제로 알려져 한 해 방문객 수가 천만 명에 이르며 계절마다 특별한 축제를 개최하고 있어 사계절 관광지로 많은 사람이 찾고 있다.

대천해수욕장을 따라가다가 보면 머드박물관이 있고, 수많은 조형물을 지나쳐 조금 걸어가자 대천항에 이른다. 보령시 신흑동에 있는 대천항은 서해안의 중요한 어업 전진기지로 인근 섬들인 원산도, 삽시도, 효자도 등을 왕래하는 선박이 출항하는 항구다. 낚시꾼과 관광객을 위한 쾌속선도 운항하고 있으며 대천항 어판장 이외 인근에는 수산시장, 횟집촌이 형성되어 있는데, 몇 년 전에 원산도로 연결하는 해저터널이 생겨서 더 많은 사람이 찾고 있다.

대천읍 강당마을과 대천읍 내항동 내송마을에서 대천천 2교를 건너며 바라본 대천천 상류에 소설가 이문구의 고향인 관촌마을이 있다. 이문구는 나날이 변모하는 마을의 모습을 연작 소설인『관촌수필』에 '보령시 대관동 갈머리 마을'이라는 이름으로 남겼다.

> 세월은 지난 것을 말하지 않는다. 다만 새로 이룬 것을 보여 줄 뿐이다. 나는 날로 새로 이루어진 것을 볼 때마다 내가 그만큼 낡아졌음을 터득하고, 때로는 서글퍼지기도 했으나 무엇이 얼마만큼 변했는가는 크게 여기지 않는다. 무엇이 왜 안 변했는가를 알아내는 것이 더 중요하기 때문이다. 그리고 그것은 관촌부락을 방문할 때마다 더욱 절실하게 느껴진다.

사라져 간 것이 그뿐만이 아니다. 사람과 사람 사이의 인정, 친구와 친구 사이의 우정도 세월의 흐름 속에 자꾸만 사라져 가는데, 이문구는 마음을 주고받을 수 있는 몇 사람이 자신의 곁에는 있다는 글을『공산토월』에 남겼다.

> 더러 예외가 있을 수 있겠지만, 나는 누구보다도 아무 타산 없이 자기 천성으로 나를 아껴 준 사람을 좋아한다. 애초 이렇다 할 인연도 없었고, 재산 권세 이해득실 따위를 개떡으로 알면서 그냥 그저 그렇게 명목 없이 좋아할 수 있던 사람. 다행스럽게도 나는 그런 사람을 많이 알고 있었다.

붕당천을 건너고, 대천제방을 지나자 주교면에 이른다. 배다리가 있으므로 배다리 또는 주교라 했는데, 은포리는 앞에 개가 있으므로 은개 또는 은포라고 불렀다. 보령시 주교면 고정리에 『토정비결』로 널리 알려진 토정 이지함 선생의 묘가 있다.

이중환이 『택리지』에서 '오서산과 성주산 사이는 토지가 아주 기름지고 서쪽으로 큰 바다로 이어져 생선과 소금 그리고 쌀을 거래하는 사람이 많으며 (…) 충청도 안에서는 오직 보령의 산천이 가장 빼어나게 아름다우니 오서산과 성주산 사이가 오래도록 그 몸을 편안하게 보존할 만한 곳이다'라고 했다. 바로 이곳에서 토정 이지함과 조선 중기의 문신 이산보, 이산해 등이 태어났다.

1992년 8월 17일 충청남도 문화재자료로 지정된 이곳에 이지함의 묘가 있는 것은 여러 설이 있다. 이지함이 생전에 미리 터를 정해 두었다고도 하고, 이지함의 3형제가 모친의 상을 당하여 선영의 묘를 이장할 자리를 찾다가 이곳이 명당임을 알았다고도 한다.

낮은 산허리에 있는 이 묘는, 서해가 한눈에 들어오는 위치에 있으며, 유언대로 비문은 간략하고 문석인은 치장이 거의 없는 매우 검소한 묘이다. 묘비 전면에는 '土亭先生李公之墓 恭人完山李氏祔左'라 음각되어 있다.

서울 마포대교 북단 마포동과 합정동 사이 약 3.3㎞의 길이 토정로土亭路이다. 현재의 용강동에 토정 이지함李之菡(1517~1578)이 '흙으로 언덕을 쌓아 아래로는 굴을 파고 위로는 정사亭舍를 지어 스스로 토정土亭이라 이름했다'라는 『선조수정실록』에 실린 글 때문에 이곳에 토정로를 지은 것이다.

조선 중기의 학자이자 문신이고 기인奇人인 이지함은 『토정비결』의 저자로 알려져 있지만 확실한 근거는 없다. 역학과 의학·수학, 천문·지리에 해박했던 그는 농업과 상업의 상호 보충관계를 강조했다. 광산 개발론과 해외 통상

론을 주장했으며 진보적이고 사상적 개방성을 보였던 이지함의 조카가 선조 때 영의정을 지냈던 이산해다.

이지함의 형인 이지번의 아들 이산해는 5세 때부터 신동으로 이름이 났다. 겨우 포대기를 떼었을 때 이미 글자와 발음을 이해했다. 이웃 하나가 '집우宇' 자 형태로 귤을 벗겨 주며 "이것이 무엇이냐?" 하고 묻자, 대답하기를 "'황黃' 자입니다"라고 했고, 또 농부가 농기구를 가지고 지나가는 것을 보고는 "'산山' 자입니다"라고 했다. 작은아버지인 토정 이지함이 태극도 한마디를 가르치니, 문득 천지 음양의 이치를 깨닫고 그림을 가리키며 설명할 수 있었다. 일찍이 글을 읽으면 밥 먹는 것도 잊어버렸다. 이지함이 글 읽기를 그만두고 식사를 하도록 명령하니 시를 지어 이렇게 노래했다.

> 밥이 늦어지는 것도 가엾거늘 하물며 배움이 늦어짐에랴.
> 배가 고픈 것도 가엾거늘 하물며 마음이 고픔에랴.

토정 이지함 묘

가난한 집안에 마음을 다스리는 약이 있으니,
영대靈臺에 달이 떠오를 때를 기다리리.

한음 이덕형은 이산해의 사위였다. 조선 5백 년 역사상 장인과 사위가 영의정을 지낸 경우는 이산해와 이덕형밖에 없는데, 조선 후기의 실학자인 이익李瀷은 우리나라 최고의 천재로 김시습, 이산해를 꼽았다.

이지함은 자신의 조카 이산해를 잘 가르쳤고, 그 공을 잊지 않은 이산해는 작은아버지 이지함의 행적을 '숙부 묘갈명'에 다음과 같이 남겼다.

배 타기를 좋아하여 큰 바다를 마치 평지처럼 밟고 다녔다. 나라 안 산천을 멀다고 가 보지 않은 곳이 없었으며, 험하다고 건너 보지 않은 곳이 없었다. 간혹 여러 차례 추위와 더위가 지나도록 정처 없이 돌아다니기도 했다.

오늘날 이 시대에 우리나라를 걷고 답사하는 사람들의 롤모델이 바로 토정 이지함이 아닐까? 이지함 묘소를 지난 서해랑길은 오천면 오포3리 지픈골(심동, 깊은 골)에 이른다. 수정동 서쪽 골짜기에 있는 마을인 깊은골 버스정류장을 지나 오포3리 마을회관을 지나고, 태양광발전소에 이른다. 수백 년 된 노송이 있고 물이 수정같이 맑다는 수정골마을을 지나고 보령LNG터미널을 거쳐 수해마을을 넘어서자 바닷가 길이며 그곳에서 갈매못성지가 멀지 않다.

보령시 오천면 영보리에 있는 천주교 순교사적지인 갈매못은 조선 후기에 천주교인들의 신앙 활동이 매우 활발했던 내포內浦 지방의 연못이다.

천주교 탄압이 한창이던 1866년의 병인박해 때 조선 제5대 교구장이던 주교 다블뤼Davelu가 주교의 복사이자 회장인 황석두黃錫斗와 함께 당진에서 체

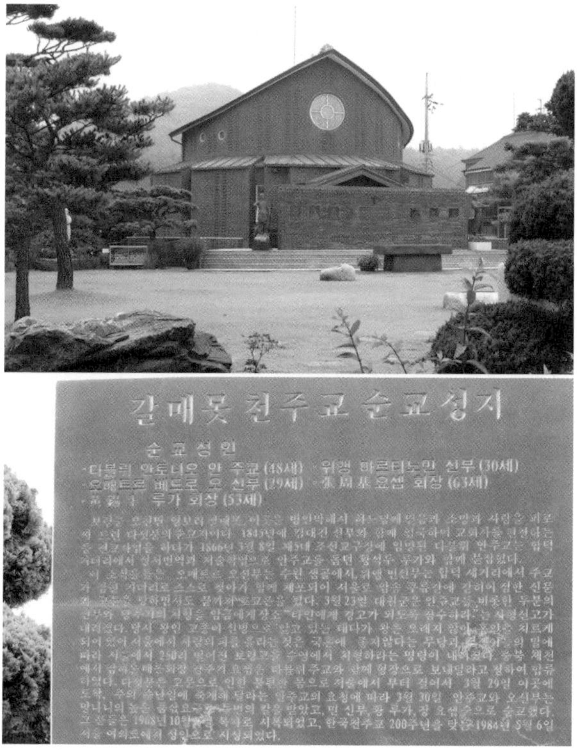


갈매못성지

포되었고, 이 소식을 듣고 신부 위앵Huin, 오메트르Aumaitre도 자수했다. 이들은 제천에서 체포된 장녹소와 함께 의금부로 압송되어 심한 문초를 받은 뒤 사형이 확정되었다. 그때 마침 고종의 혼인이 한 달밖에 남지 않았다. 그런 이유로 서울에서 형을 집행하는 것이 문제가 되자 보령의 수영水營으로 옮겨져 처형되게 되었다. 충청수영의 사형장이 갈매못이라 이곳이 순교유적지가 된 것이다.

갈매못성지에서 바닷가를 따라 조금 걷자 오천면 영보리에 이르고 그곳에 충청수영이 있었다.

영보정

『택리지』를 지은 이중환은 충청도에서 "보령의 산천이 가장 훌륭하다"라고 했는데 그 무렵 보령의 서쪽 오천성 안에 충청도 수군절도사 군영이 있었다. 조선 제11대 임금인 중종 5년(1510)에 돌로 쌓은 이 성은 둘레가 3,174자에 높이가 11자가 되며 성안에 우물 네 개와 연못이 있었고 영 안에 영보정永保亭이라는 정자가 있었다. 호수와 산의 경치가 아름답고 전망이 활짝 트여 있어서 명승지로 이름이 높았던 이 정자는 수군절도사 군영과 함께 지었다고 한다. 이 정자를 두고 조선 중종 때의 학자였던 박은朴誾은 「영보정永保亭」이라는 아름다운 기를 남겼다.

> 땅은 절박해 다하여도 천경千頃의 바다는 궁하지 않아서, 산을 열어 오히려 한 머리의 조수를 받아들이고 있구나. 빠른 바람이 안개를 쫓으니, 물은 거울 같은데, 파도가 밀려 다호는 곳(주저, 洲渚)에 사람 없이 새들만이 노래를 부른다. 나그넷길에 맑은 경치 만나면 매양 한

탄을 일으키는 법, 해(임금) 있는 곳 바라보고 다시금 고향이 먼 것을 깨달았다. 고심苦心해 읊으며 떠나지 못해도 새로운 말이 떠오르지 않아서, 떨어지는 해 먼 하늘 가로 빠지는 것을 수심에 찬 채 바라보고 있노라. (…)

땅의 형세는 탁탁 치며 곧 날아오르려는 날개와 같고, 누정樓亭의 모양은 한들한들 매여 있지 않은 돛대와도 같다. 북녘으로 구름에 쌓인 산을 바라보고 있으니, 어디로 향하려는 것이냐. 남방으로 오면 둘러싸인 산천이 이곳이 가장 웅장하구나. 바다 기운은 안개를 빚어 인하여 비를 이루고, 파도의 기세는 하늘을 뒤집을 듯 스스로 바람을 일으킨다. 어두운 속에서도 새들이 서로 울부짖는 소리를 듣는 듯하여, 앉아 있는 사이에 지경이 함께 비어 있음을 완전히 깨달았노라.

아름답지 않은가. 내가 아침에 홀로 와서 글 읊는 곳에, 한 낚싯대만큼 솟아오른 첫 아침 해가 발을 비춰 주네. 바람 돛대는 언제나 조수와 함께 올라오고, 어민의 집들이 모두 굽어보고 있으니, 언덕이 기울려 한다.

(…)

조선 시대의 한 선비가 먼 타향에 와서 느끼는 고독과 외로움을 주변에 펼쳐진 풍경을 통해 노래했던 그곳, 오천항을 7백여 년의 세월이 흐른 뒤 다시 찾는 나그네들은 또 어떤 마음으로 굽어보고 있는지. 아름다운 곡선의 홍예문, 푸르름을 자랑하던 팽나무, 남아 있는 진휼청과 사라져 버린 영보정과 눈시울 적시며 박은 선생이 바라보았던 포구는 흔적도 없이 사라져 버린 보령을 두고 정대는 다음과 같은 기문을 남겼다.

땅이 협소하고 서해 가장자리에 위치한다.

새로 지은 웅장하면서도 아름다운 누각 영보정에서 바라보는 오천항은 한 폭의 그림과 같다. 마치 나폴리나 이국의 어느 해안가 도시같이 배들이 줄지어 서 있고, 갈매기는 자유롭게 날아다니는 풍경이다. "세상은 있는 그대로가 내 마음에 드는구나"라고 노래했던『파우스트』속 린세우스의 말을 실감할 수 있는 곳이 영보정에서 바라보는 오천항이다.

이곳 오천항에 수군절도사영이 있었고, 청일전쟁 때는 일본 군함 27척이 정박해 있었다는데 그런 사실을 아는지 모르는지 평온하게 보이는 오천항을 뒤에다 두고 발길을 옮겨 보령방조제를 지난다. 멀리 보이는 오서산은 내포 땅을 두루 보살피는 산이지, 그리고 저기 보이는 보령호 가운데 있는 섬이 낙동리의 빙도라고 불리는 비인도이고 서 섬에서 옛날에 미인이 많이 났다지, 또 빙도 너머 낙동리는 경상도의 젖줄인 낙동강의 이름과 같지, 중얼거리면서 보령방조제를 건너자 보령시 천북면이다.

조선 시대에 오천군의 북쪽이 되기 때문에 천북면이라는 이름이 붙은 천북면 하만리의 하만저수지를 지나 사호리에 이른다. 사호리에서 가장 큰 마을인 통개는 통포 또는 통호라고 부르며 그 서쪽에 있는 마을은 열호라고 부르는 열문이인데, 앞에 바다가 환히 열려 있다고 해서 붙은 이름이다.

서해 바다가 환히 열린 길을 걷고 또 걷는다. 바닷물이 빠진 갯벌 속에 배들이 묻혀 있고, 길은 해안을 따라 줄곧 이어져 있다. '천북 굴 따라 길 트레킹'이라는 안내 표지판을 만나고, 길은 산길로 이어진다. 소나무가 우거진 산길을 따라 걷다가 이구아나 형상의 바위를 만나고, 멀리 보이는 풍력발전기, 천북굴단지에 이른다. 보령시 천북면 장은리의 천북굴구이단지를 이곳 주민들은 '천북굴단지'라고 부르며, 장은리 해안에서 채취되는 굴은 '천북굴'로 부른다. 천북굴은 천북면 장은3리 수문개마을에서 굴을 채취하던 아낙네들이 날씨가 추워 장작을 피우다가 굴을 그 위에 올려 구워 먹으면서 천북 지역 특산 음식으로 발전하게 되었다고 한다. 매년 11월부터 다음 해 5월까지 자연산 굴, 즉 석굴을 구워 먹는 것으로 유명한 굴단지를 벗어나 홍성방조제를 건너자 홍성군이다.

오천항

# 서산 방조제를 걷는 서해랑길

보령시 천북면과 홍성군 서부면을 잇는 홍성방조제를 지나며 서쪽을 보니 바다에 떠 있는 안면도가 수평선 위에 거대한 섬처럼 보인다. 기념탑을 지나서 바닷가를 따라 걸어간 곳에 남당항이 있다. 본래 결성군 하서면의 지역이었던 남당항은 조선 영조 때 한원진이라는 사람이 낙향하여 그의 호를 따서 남당이라고 이름을 지었다. 옹기점이 있었다는 점말, 큰 절이 있었다는 한잿굴, 한잿굴 입구에 있는 마을 대사동. 이런 이름들이 남당리에 남아 있다.

천수만변에 있는 국가어항인 남당항에서 배로 10분 거리에 대나무섬으로 유명한 죽도가 있고 안면도가 보이며, 주변에 횟집이 많다. 특히 대하와 새조개 그리고 넙치와 우럭 등이 많이 잡혀 1996년부터 매년 9~10월에 대하축제와 풍어제가 열리는 곳이 남당항이다.

> 홍주는 호서의 거읍巨邑이다. 그 땅이 기름지고 넓으며 그 백성이 번성하고 많아서 난치難治의 고을로 일컬어졌다.

남당항

『신증동국여지승람』에 기록된 홍주는 1914년 결성과 이름을 합하여 홍성이 되었고, 결성에서 태어난 사람이 만해 한용운과 청산리전투의 영웅 김좌진 장군이다. 그래서 남당항에 그의 아들인 김두한 기념관도 있다.

### 서해의 일몰이 환상적인 궁리포구

가없이 펼쳐진 바다를 바라보고 걷는 것은 매 순간 기쁨이고, 기적이다. 결성면의 지역으로 모래밭에 있으므로 어사이라 이름 지은 어사포 선착장을 지나서 어사교를 건너자 상황리의 속동해안길이 나온다. 속동은 옛날에 두 개의 마을이었던 것을 묶어 한 마을이 되었다고 해서 지어진 이름인데, 이곳에서 바라보는 일몰이 일품이다. 이 마을에 전망대가 들어섰고, 그 끝자락에 궁리가 있다. 지형이 활처럼 생겼다고 해서 궁갓 또는 궁지라고도 부르는 궁리에서 환상적인 해넘이를 보는 것, 대단한 행운이다.

홍성의 서해랑길의 끝 지점 궁리에서의 일정을 접고 태안으로 가는 서산 A지구방조제를 건넌다. 홍성군 서부면 남당항로와 서산군 부석면을 연결하는 이 방조제는 길이가 6,458m로 간월도를 보며 달리는 도로다. 1979년 8월 물막이 공사를 시작해 1982년 10월에 B지구, 1984년 3월에 A지구 물막이 공사를 최종 마무리했으며, 간척 이후 커다란 농경지가 조성된 뒤에는 먹이가 풍부해 천수만 일대가 철새 도래지로 자리를 잡았다. 방조제 입구에 홍성조류탐사과학관이 문을 열어 천수만의 생태환경 탐구와 관찰을 돕고 있으며 홍성과 서산을 잇는 통로 역할을 하고 있다.

참 신기하다. 이 방조제를 작고한 현대건설의 정주영 회장이 온 힘을 다 쏟아서 만들었다니.

> 너희에게 겨자씨 한 알만 한 믿음이라도 있으면 이 산을 명하여 여기서 저기로 옮겨지라 하여도 그대로 될 것이요, 너희가 못 할 것이 없느니라.

「마태복음」 17장 20절에 실린 글이다. 그런데 인류 역사상 어느 누가 이 산

을 명하여 저 산으로 옮긴 사람이 있었는가? 겨자씨는커녕 바람이 불면 날아갈 것 같은 종이컵 하나도 옮기지 못하는데, 문명의 이기인 중장비들이 산을 만들기도 하고 없애기도 하며 이리저리 옮기기도 하니, 인간은 '생生'과 '사死' 외엔 무엇이든 해낼 수 있을 것 같다는 생각을 하면서 미하일 일리인의『인간의 역사』의 한 부분을 떠올린다.

> 굉장한 것이 이 지상에 있다.
> 그것은 고통 없이 기관차를 들어 올리고
> 하루에도 몇천 ㎞를 달릴 수 있는 손과 발을 가지고 있다.
> 구름 위를 어떤 새보다도 높이 날 수 있는 날개와
> 물속을 어떤 물고기보다도 잘 헤엄칠 수 있는 지느러미가 있다.
> 보이지 않는 것을 볼 수 있는 눈을 가지고 있으며
> 다른 대륙에서 말하는 것을 들을 수 있는 귀를 가지고 있다.
> 그것은 산들을 절개하고 전속력으로 떨어지는 속도를
> 멈추게 할 만큼 힘이 세다.
> 그것은 뜻대로 대지의 모양을 바꾸며 삼림을 심으며
> 바다와 바다를 잇고 사막을 개발한다.
> 이 굉장한 것은 무엇인가?
> 인간이다.

일리인은 인간의 탄생에서부터 인간의 지난했던 역사와 발전 과정을 기록하면서 모든 고난과 고통의 시대를 겪으면서도 살아남은 인간의 위대성에 대해 말하고 있다.

아무것도 확실한 것이 없는 시대 속에서도 줄기차게 살아남은 인간들의

간월암

삶을 생각하면서 방조제를 건너자 서산시 부석면에 간월도에 이른다. 본래 서산시 마산면이었다가 적돌강에 있는 커다란 바위가 밀물 때에도 물에 잠기지 않고 떠 있는 것처럼 보인다고 하여 부석면으로 이름을 바꾸었다. 그래서 그런지 영주 부석사와 똑같은 이름의 천년 고찰 부석사가 이곳에 있다.

간월도에서 이름난 것이 '간월도 어리굴젓'과 '간월암看月庵'이다. 간월암은 간월도에 있는 암자로, 조선을 건국한 태조 이성계의 왕사였던 무학대사가 창건했다고 한다. 썰물 때는 길이 열리고 밀물 때는 섬이 되는 간월도의 간월암과 무학대사에 얽힌 이야기가 재미있다.

서산시 인지면 모월리에서 태어난 무학대사가 어머니 배 속에 있을 때의 일이다. 아버지가 나라에서 진 빚을 갚지 못해 쫓겨 다니고 있었다. 포졸들이 대신 어머니를 붙잡아서 고개를 넘어가는데 갑자기 산기가 있었다. 그때 온 산천이 눈으로 덮여 있었는데 둘러보니 한 곳만 눈이 없어 그곳에서 해산을 하고 아기를 옷가지로 덮어 놓은 뒤 태안현청으로 끌려갔다. 그 사실을 전해 들은 현감이 어머니를 풀어 주어 다시 그곳으로 가 보니 큰 학이 두 날개를 펴고서 아기를 감싸 안고 있었다. 그것을 보고 크게 감격한 어머니가 아이의 이름을 '무학舞鶴'이라고 지었으며, 그 고개를 '학이 돌본 고개'라 하여 '학돌재'라고 하게 되었다.

그 후 출가한 무학이 이곳 간월도에 암자를 짓고 수행을 하던 중 어느 날 문득 '달을 보고 깨달음을 얻었다' 하여 이 암자 이름을 간월암이라고 지었다. 간월도에 절이 사라지고 터만 남아 있던 것을 안면 면장 박동래와 만공 스님이 암자를 세워 오늘에 이르고 있다.

한편, 간월도의 특산물은 어리굴젓이다. 간월도 굴은 자연굴인 토화와 양식굴인 석화 두 종류가 있다. 이곳의 굴은 다른 지역의 굴과 비교해 볼 때 빛깔이 가무스름하고 알이 작지만 물 날개가 잔잔하고 수효가 많아 고춧가루 양념이 속살까지 배어들면 맛이 아주 뛰어나다. 간월도는 가야산에서 흘러 내려온 민물과 서해의 바닷물이 만나는 곳이라 굴 양식에 최적이다. 어리굴젓이 이곳에서 알려지게 된 것은 조선 초부터라고 한다. 이곳에서 수행을 하던 무학

대사가 이성계에게 보낸 어리굴젓이 궁중의 진상품이 되었다는 이야기다.

한적하고 고즈넉한 간월암으로 가기 위해선 배를 타야 했다. 그러나 현대건설이 서산지구 간척지를 조성하면서 물이 빠진 뒤면 너른 갯벌이 드러나 배를 타지 않고도 건너갈 수 있게 되었다. 그것 또한 그리 오래전 일이 아니다.

고려 때 정인경이 태를 묻었다는 간월도의 간월호 철새전망대에 오르고, 간월도 선착을 거쳐서 부석면 창리에 도착한다. 조선 시대 세곡을 보관하던 주사창이 있었던 창리는 창말 또는 창촌이라고 불렀는데, 이곳에 안면도 소애를 건너가는 창말나루터가 있고, 배가 떠날 때 안전을 기원하는 제사를 지냈던 제사 터인 창말당이라는 신당이 있다. 창말 남동쪽 바다 위에 떠 있는 섬이 검조도라는 섬이다. 아내 배라고 부르는 이 섬은 큰 바위로 되어 있어서 이 바위가 물에 잠기는 정도로 조수의 높낮이를 알았다고 한다. 서산B지구방조제를 지나자 태안군에 이른다.

# 포구에서 포구로 이어지는 태안반도

서산의 서쪽에 자리한 태안군을 두고 서해를 향해 삿대질하려 내닫는 형국이라고 한다. 신숙주는 "비옥한 지대로 통칭한다"라고 했고 남수문은 기문記文에서 다음과 같이 평한 바 있다.

> 태안군은 옛날 신라의 소태현蘇泰縣이었다. 토지가 비옥하여 오곡을 재배하기에 알맞고, 또 어물과 소금을 생산하는 이익이 있어 백성들이 모두 즐겨 이 땅에서 살아왔다. 그러나 이 고을의 읍내가 멀리 바닷가에 있으니, 이는 곧 해상의 구적寇賊들이 왕래 출몰하는 요충이다.

신숙주가 기문에서 '태안군이 충청도에 있어 해변의 요충지가 되어 국가에서 순성진蓴城鎭을 설치하고 지군사知郡事로 하여금 이를 지휘·관할하게 하고 있다. 군내의 토지가 비옥하여 화마禾麻가 풍부하며, 어염魚鹽의 이익이 있어 옥구沃丘로 일컬어 왔다'라고 기록했던 것처럼 오래전부터 태안과 서산 일대는 수산업이 발달했다.

서해랑길에는 포함되지 않았지만 태안군의 역사에서 중요한 곳이 안면도이다. 안면도는 원래 육지였다가 섬이 된 곳이다. 그렇게 된 연유가 『동국여지승람』에는 다음과 같이 실려 있다.

> 고려 인종이, 안흥정安興亭 아래의 물길이 여러 물과 충격하는 곳이 되어 있고 또 암석의 위험한 곳이 있으므로 가끔 배가 뒤집히는 사고가 있으니, 소태현 경계로부터 도랑을 파서 이를 통하게 하면 배가 다니는 데에 장애가 없을 것이다 하여 정습명을 보내 인근 군과 읍 사람 수천 명을 징발하여 팠으나, 마침내 이루지 못하고 말았는데 (…) 본조本朝 세조 때에 건의하는 자가 혹은 팔 만하다 하고 혹은 팔 수 없다 하여 세조가 안철손을 보내 시험했는데, 공을 이룰 수 없나 하여 대신에게 제하여 자세히 살피게 했으나 논의가 일치하지 않아서 중지하고 말았다.

그 뒤 토정 이지함이 태안 지역을 좋아하여 안면곶에 머무르다가 다음과 같이 예언했다고 한다.

> "이 땅은 반드시 산줄기를 파서 통하게 되는 일이 있을 것이다."

그의 예언이 들어맞아서 그랬는지 조선 인조 때인 1638년에 삼남 지역의 세곡을 실어 나르는 것이 불편하자 충청감사 김유가 지금의 남면과 안면도 사이의 바닷길을 파서 안면도는 섬이 되었다. 섬이 되면서 안면도를 싸고도는

안면도 백사장항

뱃길보다 2백여 리가 단축되었고, 이것이 우리나라 운하의 효시가 되었으며, 이름을 백사수도白沙水道라고 불렀다. 그러나 세월의 흐름 속에서 1970년에 나라 안에서 세 번째로 섬과 육지를 잇는 연륙교가 생기면서 배를 타지 않고도 육지로 나올 수 있게 되었다. 유독 겨울에 눈이 많이 내리는 이곳에서 유명한 것이 바로 세계꽃박람회와 꽃지해수욕장 그리고 안면도 소나무숲이다.

서해랑길의 여정은 남면 당암리에 이르고, 태안군 당산과 대암의 이름을 따서 지은 당암리 다목적회관을 지나서 푸른 나무가 많아 이름 지었다는 원청리의 청포대해수욕장에 이른다. 빛깔이 검어서 거먹바위, 용샘이 있어서 용샛굴, 이런 이름들이 원청리를 드러내는 이름들이다.

서해랑길의 다음 여정은 달산포 해변을 지나 태안군 남면 신장리에 이른다. 1914년에 몽대와 동산의 이름을 따서 지은 몽산포해수욕장은 솔밭이 아름다우며, 드넓게 펼쳐진 백사장에 여러 종류의 물새가 찾아오고 주변에는 천연 기념물 모감주나무의 군락이 있어 많은 피서객이 모여든다. 태안해안국립공원에 속하는 몽산포해수욕장은 길이가 3㎞에 이르며 해변의 경치가 아름다워 태안팔경으로 선정되었고, 그래서 그런지 캠핑객들이 삼림욕을 하기 위해 줄을 잇고 있다.

몽산포의 옛 이름인 몽대포구를 지나 평화염전과 용산2리 다목적회관을 거쳐 도장과 황곡의 이름을 따서 지은 도황2리 다목적회관에 이르니 서편에 연포해수욕장이 있다. 이 해수욕장은 1967년에 개장되었고, 1972년부터 삼성그룹이 고급휴양지로 조성하기 위해 인공적으로 개발한 해수욕장이다. 백사장 길이는 1.6㎞, 폭은 200m이며 수심이 얕고 경사도 완만하여 해수욕장으로 적당한 조건을 갖추고 있다.

도황리에서 서해랑길은 안흥항을 거치지 않고, 도황경로당으로 이어진 뒤 안흥염전으로 향한다.

태종 13년인 1413년에 태안군이 되었다가 1914년 행정 구역을 개편할 당시 서산군에 통합되었던 태안은 1989년 1월 1일에 태안읍, 안면읍 그리고 6개 면을 서산시에서 떼어 내어 태안군으로 다시 편성되었다.

태안군 근흥면 정죽리에는 인천과 군산항의 중계지인 안흥항이 있다. 안흥항에서 신진도로 가는 바닷목은 물결이 하도 험해서 배들이 잘 파선되므로 난행목(난행량難行梁이라고도 부름)이라 했다. 그 이름이 좋지 않다고 하여 안전하게 일어나라는 뜻으로 '안흥량安興梁'이라고 한 이곳은 조세로 징수한 미곡과 면포 등을 해상으로 운송하는 항로 중에서 가장 물살이 세고 험난한 곳이었다. 이를 방지하기 위해 고려 인종 때 굴포해안에 창고를 짓기 시작하여 1412년(태종 2)에 완성했지만, 굴포에 선박 출입이 어렵게 되자 육지에 창고를 설치하여 운송하자는 안이 채택되기도 했다. 그러나 안흥량에서 가장 가까운 곳에 있는 안흥항이 일찍부터 항구로 발달하여 오늘날까지 이르게 되었다. 안흥항은 특히 중국의 산둥반도와 가까워서 고려 말부터 조선 후기까지 중국과의 무역이 활발했던 곳이다. 지금도 안흥항은 서산시에서 가장 큰 항구다.

안흥항에서 바로 눈앞에 바라다보이는 신진도의 복판에 있는 후망봉은 안흥팔경의 하나인데, 고려 때 송나라에 사신으로 갈 때는 먼저 이곳에서 산제를 올리고 일기가 청명하기를 기다렸다가 떠났다고 한다. 신진도에는 지금도 중국 성씨인 퉁씨가 많이 살고 있는데, 이로 보아 중국 사람들이 많이 드나들었다는 것을 유추할 수 있다. 조선 태조 이성계는 이 항구를 드나드는 명나라 사람들에게 잘 보이기 위해 보기 좋은 성을 쌓은 뒤 그 안에 호화로운 주택 3백여 채를 지었다고 한다. 그 성이 바로 안흥항의 뒷산에 있는 안흥진성이다. 명나라 사람들이 배에서 내려 이곳에 첫발을 들여놓았을 때 "이성계가 임금이 되더니 조선이 참 살기 좋은 나라가 되었구나" 하는 말을 듣기 위한 전시 행정이었던 것이다. 어쨌든 이성계의 뜻대로 안흥진성이 널리 알려져 중국에는 '조선에 가거든 안흥진성을 보고 오라'는 말이 생겼다고 한다.

안흥진성

안흥진성은 10년이 넘게 걸려 돌로 쌓은 것으로 둘레가 948척, 높이가 11척이며, 소근포첨절제사가 군사를 나누어 지켰다. 조선 왕조 5백 년 동안 영화를 누렸으나 1894년 동학농민운동 당시 성이 크게 무너졌고, 그 뒤 네 개의 문도 무너졌으며, 집들도 대부분 다 뜯기고 말았다. 지금은 성안에 민가 40여 채가 옛날의 영화는 아랑곳없이 성을 지키고 있을 뿐이다. 해상의 절경을 조망하고 해구海寇의 출몰까지도 감시할 수 있는 망해루望海樓도 함께 사라지고 지금은 그 터만 남아 있다.

신진도 앞에 그 형상이 말처럼 생긴 마도가 있다. 안흥팔경 중의 한 곳인 '마도기암'이 있는데, 이 마도는 서해랑길에는 포함되지 않았지만 세계적으로 선풍을 일으킨 넷플릭스 드라마 〈오징어 게임〉을 촬영했다. 드라마에서 가면을 쓴 이병헌이 경찰관이었던 동생을 만나는 곳이 바로 이곳, 마도다.

도황리를 지난 여정은 안흥염전을 지나 법산 어촌계로 이어져 태안군 소원면 송현리에 접어든다. 소원면은 본래 태안군의 지역으로 조선 시대에 소근포진을 두어 좌도수군첨절제사가 있던 곳이다.

서해랑길은 솔고개 밑에 있기 때문에 송현 또는 송촌이라고 부른 소원면 송현1리 버스정류장에 도착한다. 이곳에서 만리포까지 가는 길은 해안을 따라 이어진 길이고, 매 순간 파도 소리를 벗 삼아 걷는 길이다.

> 파도야 어쩌란 말이냐
> 임은 뭍같이 까딱 않는데
> 파도야 어쩌란 말이냐

유치환의 시를 읊조리면서 걷다가 보니 소원면 파도2리 마을회관에 도착한다. 삼면이 바다라서 파도 소리가 항상 그치지 않아 파도라고 이름 지은 이

마을의 샘 너머 동쪽에는 노가닛벌 나루가 있는데, 노간주나무가 많이 있었다고 한다.

눈이 시리게 펼쳐진 해변과 울창한 송림, 그리고 기암괴석이 어우러진 길은 송현1리 버스정류장에서 만리포까지 4.5㎞쯤 떨어져 있다. 뒤끈이산과 지형이 장끼처럼 생겼다는 아치내를 지나 어은들해수욕장을 지나면 그 지형이 목처럼 생겨서 모항이라고 부른 모항항에 도착한다. 모항리 서쪽에 만리포항이 있고, 만리포해수욕장이다.

태안반도 서쪽에 자리 잡은 만리포해수욕장은 길이 약 2.5㎞에 폭 약 270m로 서해안 3대 해수욕장 중 한 곳이다. 북쪽으로 이어져 있는 천리포해수욕장과 함께 태안해안국립공원의 명소 중의 명소인 이곳 만리포를 배경으로 1960년대에 나온 노래가 박경원이 부른 〈만리포 사랑〉이다.

만리포해수욕장

〈만리포 사랑〉 노래비

똑딱선 기적 소리, 젊은 꿈을 싣고서

갈매기 노래하는 만리포라 내 사랑

노래를 읊조리며 걸어가는 만리포해수욕장의 중간쯤에 〈만리포 사랑〉 노래비가 서 있다.

만리포해수욕장에서 2㎞쯤 떨어진 곳 소원면 의항리에 천리포수목원이 있다. 이 수목원은 1979년에 귀화한 미국인 민병갈(1921~2002)이 설립했다. 미국 펜실베이니아주 출신으로 미국명은 칼 페리스 밀러Carl Ferris Miller인 민병갈은 1945년 미군 정보장교로 입국한 뒤 한국에 정착했다. 그는 1962년 사재를 털어 매입한 천리포 해변의 2ha 부지를 기반으로 1970년부터 본격적으로 수목을 식재하여 식물원을 조성하기 시작했다. 이후 연차적으로 부지를 확장하면서 비공개로 운영하다가 2009년 3월 1일부터 밀러가든을 일반에 공개한 데 이어 2010년에는 밀러의 사색길과 목련원을 일반에 개방했다.

우리나라 어디서도 볼 수 없는 특이한 수종이 많은 천리포수목원을 지나면 천리포해수욕장이다. 지형이 개미의 목처럼 생겼으므로 개미목, 개목이라고 부르다가 의항이라고 부르는 의항리에 있는 천리포해수욕장은 눈에 꼭 담고 싶을 만큼 앙증맞다.

해수욕장에서 2㎞ 북쪽으로 올라간 곳 큰댕골산 북쪽에 백리포해수욕장과 백리포 전망대가 있다. 태안해안국립공원으로 지정된 이 일대 바닷가에는 크고 작은 해수욕장이 연이어 있다. 의항리 해변을 지나고 구름포 해변이라는 아름다운 해변을 거닐고, 태백산(47.3m)에 세워진 태배전망대를 지나 의항출장소에 닿았다.

신두리를 지나 학암포로 가는 이 길은 대부분이 해변과 산길로 이어진다. 의항제방과 서둘산을 지나자 소근진성에 닿는다. 소근포 동쪽에는 조선 시대 나그네들이 쉬어 가던 원집이 있었고, 바로 근처에 중종 9년인 1514년에 쌓은

천리포수목원

소근포진성이 있다. 둘레가 2,165자에 높이가 11자였던 이성에 좌도수군첨절제사가 주둔하면서 당진포와 파지도를 관할했다.

밤섬제방을 지나자 기다리던 태안군 원북면 신두리에 있는 신두리 해안사구다. 원북면 신두리는 1914년에 행정 구역을 개편할 당시 신곶과 두응의 이름을 따서 지었는데, 두릉포 서쪽에 있는 백사장을 신두 백사장이라고 부른다. 이곳이 특이한 해안사구라는 것을 알게 된 정부에서 2001년 11월 30일 천연기념물로 지정했다. 이 사구는 태안반도 북서부의 태안군 원북면 신두리에 자리 잡고 있으며, 규모는 해변海邊을 따라 길이 약 3.4㎞, 너비 500m~1.3㎞에 이른다.

해안사구의 원형이 잘 보존된 북쪽 지역 일부가 천연기념물로 지정되었는데, 신두리 해안의 만입부에 있는 사빈砂濱의 배후를 따라 분포하고 있다. 겨울철에는 강한 북서풍의 영향을 받는 신두리 해안은 모래로 구성되어 있어 간

신두리 사구

학암포

조에는 넓은 모래 갯벌과 해빈이 노출되고, 모래가 바람에 의해 갯벌과 해변에서 육지로 이동되어 사구가 형성되기에 좋은 조건을 지니고 있다. 우리나라에서 가장 규모가 큰 해안사구인 신두리 해안사구는 지형도 독특하지만 식생이 잘 보전되어 있다. 또한 모래언덕의 바람 자국 등 사막 지역에서만 볼 수 있는 특이한 경관과 해당화 군락, 조류의 산란 장소 등으로 경관적·생태학적 가치가 높다.

이곳, 두릉포 서쪽 골짜기 안에는 농처럼 생긴 바위가 돌 위에 얹혀 있는데, 예전에 어떤 각시가 치마로 끌어다 놓은 것이라고 한다.

신두리 해안사구를 지난 여정은 모재, 능파사를 지나 먼동전망대에 이르고, 구례포 해변을 지나면 학암포 해변에 도착한다. 학암포는 원북면 방갈리에 있는 포구로 1968년에 이곳에 해수욕장을 개장하면서 학암포라는 이름이 생겼다. 이 포구 앞에 있는 대분점도大盆店島에 학처럼 생긴 커다란 학바위(학암, 鶴岩)에서 유래된 이름이다. 그전에는 학암포를 모양이 동이처럼 생겼다고 해서 분점포盆店浦 또는 분점도라고 불렀다. 조선 시대에 이곳이 중국 명나라와 교역을 하던 무역항이었고, 그때 교역품으로 질그릇을 만들어 수출했으므로 분점盆店이라는 이름이 붙게 되었다.

방갈리 버스정류장에서 장구섬 서남쪽에 있는 소리섬을 지나고 곤재마을을 거쳐 민어처럼 생겼다는 민어도에서 이원면으로 이어지는 이원방조제를 건넌다. 이 방조제는 길이가 2,981m로 이원지구 간척지 공사로 만들어졌고 배수갑문 한 개가 있다. 이원면 내리는 바다 안쪽에 들어 있으므로 붙여진 이름인데, 이곳에 음포해수욕장이 있다. 1990년에 개장한 이 해수욕장은 길이가 800m이고, 폭은 약 200여m다. 옛날에 사람에게 쫓겨 가던 호랑이가 숨어 있던 곳이라 하여 음포라고 지었다고 한다.

꾸지나무골 해변은 작고 아담한 백사장과 푸른 소나무 숲이 어우러져 있으며, 백사장 양 끝에는 갯바위가 있어 바다낚시터로 많이 이용된다.

꾸지나무골 해변에서 서해랑길은 산길로 이어진다. 오르막 내리막 걷는 산길, 인생도 이러하지 않은가? 용난굴로 이어진 여정은 만대 북쪽에 떨어져 있는 무인도인 여섬을 지나 만대항에 도착한다. 내리에서 가장 큰 마을인 만대마을에는 1957년에 만든 만대염전과 백화염전이 있다.

만대항에서 모재골 버스정류장을 지난 여정은 안골 서남쪽에 있는 높이가 102m인 후망산으로 정상에 서면 사방이 환하게 보인다. 후망산을 지나고 솔향기골 캠핑장을 거친 뒤 눈윗재라고도 부르는 누리재 버스정류장에 이른다. 장구섬 남쪽에 있는 마을인 눈윗골은 뒷산이 높아 겨울에 눈이 한번 내리면 겨우내 녹지 않아서 생긴 이름이다.

노인봉을 지난 여정은 뒷산에 신당이 있어서 마을 이름이 당산인 당산3리 버스정류장에 이르고, 불뭇골 동쪽에 있는 마봉산을 거쳐 원북면 청산리 청산 아래 청산 나루터에 이른다. 청산 동쪽에 있는 불너머리 나루터는 팔봉면 구동에 있는 나룻배를 불러서 타고 가로림만을 건너다녀서 생긴 이름이다.

원북면 반계리 상리 남쪽에 있는 닻개는 옛날 이 마을 앞 포구였을 때 배들의 출입이 번성했던 곳이라 하는데, 지금은 간척이 되어 원북면 소재지가 되고 말았다. 반계천을 지나서 용주사를 지난 여정은 지형이 응달이 지므로 어은이라 했다는 태안읍 어은리 마을회관을 지나서 가로림만이 환하게 펼쳐진 서산시 팔봉면의 지형에 범 머리와 닮았다는 호리 구도항에 이르며 하루가 저문다.

"왜? 무엇을 위해서? 어디로? 어떻게?
아직도 살아 있다는 것은 어리석지 않은가?
아, 나의 벗들이여,
나의 내면에서 이렇게 묻는 것은 저녁(삶에 지친 상태)이다.
내가 슬퍼하는 것을 용서하라.
저녁이 되었다. 저녁이 된 것을 용서하렴."

니체의 고독한 목소리가 아스라이 들릴 것 같은 낯선 항구 서산의 구도항에 서서히 어둠이 내리고 있었다.

# 가로림만을 건너서 걷는
# 서산 서해랑길

만대항 가로림만

'가로림만' 이름이 참 고운 이 만은 연안 면적이 1만 5,985ha, 전체 해안선 길이는 162㎞이며, 갯벌만 8,000ha에 이른다. 가로림만은 서해안에서 유일하게 원형을 유지하고 있는 호리병 모양의 만으로 태안군 이원면 만대와 서산시 대산읍 벌말을 마주하고 있다. 항아리처럼 생긴 커다란 바다인 가로림만은 2005년에 생태계가 잘 보존되어 있는 갯벌로 선정되었고, 2007년에는 환경가치 평가에서도 1위에 올랐다.

한 시절 전에 인천으로 가는 배가 있었지만 지금은 호리항에서 가로림만에 둘러싸인 고파도리로 떠나는 배만이 서 있는 한적한 구도항, 가로림만이 한눈에 보이는 항구에서 파도 소리를 음악 소리라고 여기며 듣다가 보들레르의 시 한 편을 떠올린다.

음악은 때때로 바다처럼 나를 사로잡는다.
나는 출범한다. 창백한 별을 향해 자욱한 안개 밑으로,
때로는 끝없는 창공 속으로
돛대처럼 부푼 가슴
앞으로 내밀고,
밤에 묻혀 밀려오는
거대한 파도를
나는 탄다.
나는 느낀다. 신음하는 배의
온갖 정열이 진동함을
순풍과 폭우가 그리고 그 진동이
나를 흔든다.
광막한 바다 위에서

음악은 때로는 고요한 바다
내 절망의 거대한 거울

보들레르의 「음악」이라는 시이다.

가로림만은 더없이 고요하고 잔잔하다. 아름답고 한적한 곳이라서 그런지 이곳 가로림만에는 여름의 진객으로 천연기념물로 지정된 점박이물범들이 찾아와 노니는 곳이다. 운이 좋으면 그들을 볼 수도 있다.

조선 시대에 파지도영이 있었던 구도항은 구항이라고도 부르는데, 이곳에 호리산성 터가 있다. 고려 때 파지도영이 고파도리에 있었는데 수군만호가 기거했고, 태종 때 이곳으로 영을 옮기고 중종 11년인 1516년에 이곳에 둘레가 1,337자에 높이가 11자인 성을 쌓았다.

구도항을 지나 두 마리의 호랑이가 '가로림만 범머리길'이라는 표지판을 들고 있는 범머리길에 이른다. 서산시 팔봉면 호리에 있는 장구섬은 이름 그대로 지형이 장구 모양을 하고 있어서 지어진 이름인데, 장구섬을 지나서 눈앞에 바다가 펼쳐져 있는 팔봉갯벌체험장을 지난 서해랑길은 호덕간사지에 이르고, 팔봉초등학교에 도착한다.

수풍창이 있어서 수풍창면으로 부르다가 팔봉산의 이름을 따서 팔봉산이 된 팔봉면 양길리 팔봉초등학교를 지난 여정은 양길교를 지나고 멀리 보이는 팔봉산이 먼 듯 가깝다. 검은 돌이 있으므로 흑석이라고 부르는 흑석리 흑석 소류지를 지나고 흑석2리에 이른다. 중왕저수지를 거쳐 폐교된 신성초등학교 분교에 만든 서산 창작예술촌을 지나 중왕1구 새마을회관을 거쳐 가는 길에 저도가 한 폭의 수채화 같다. 중리어촌체험마을을 거쳐 해안 산책로를 시나브로 걸어서 망미산 길을 걸어 서산시 지곡면 도성3리 마을회관에 도착한다.

도원과 성동의 이름을 따서 지은 도성 앞바다에는 제섬이라고 불리는 저섬, 솔섬, 닭섬이 펼쳐져 있다. 도성 마을회관에서 출발한 서해랑길에서 만나는 마을 버스정류장의 이름들이 정겹다. '안고잔'-'바깥고잔'-'새말' 여정은 금세 서산시 지곡면 대요리의 갑문을 지나서 진충사에 이른다.

조선 중기의 무신인 정충신의 영정을 모신 진충사는 1984년 5월 17일 충청남도 문화재자료로 지정되었다. 인조 14년인 1636년에 왕명으로 건립한 진충사는 영조 13년인 1737년에 중수했다. 1800년에 5세손인 곡성현감 정세환이 정미면 신시리로 옮겼다가 1970년에 현재의 위치로 다시 옮기면서 개축했는데, 사당과 삼문이 있다.

진충사를 거쳐 환성2리 마을회관에 이르고, 환성3리 마을회관에서 염전저수지를 지나 대산지구해안길을 걸어서 부형지구 방조제를 따라가 대산버스터미널에 이른다.

대산 버스정류장을 출발한 여정은 대산5리 경로당을 지나 농로로 이어진다. 망일산을 바라보며 걷다 롯데케미칼 사택을 지나서 가는 서해랑길에 광해군 때 폭정에 염증을 느껴 사직하고 돌아와 불우한 사람을 돕는 일에 재산을 아끼지 않았던 김적과 그의 아들 김홍옥을 모신 묘역에 이른다.

충청남도 문화재자료로 지정된 이 자리가 명당자리라고 사람들의 발길이 끊이지 않는다. 화곡1리 마을회관을 지나 굴다리를 벗어나자 화곡어린이집으로 길은 이어진다. 삼길산 임도를 걷다가 만난 삼길산 봉수전망대에서는 서산의 대이작도, 풍도, 난지도, 우무도, 대조도가 보인다. 서산시 대산읍 화곡리에 있는 삼길포항은 서산시와 당진시를 연결하는 대호방조제의 끝자락에 있고, 우럭이 많이 잡혀서 그런지 우럭 형상의 상징물이 서 있다.

대호방조제를 지나자 당진시 석문면에 이르러 도비도항에 도착한다. 당진군 석문면 난지도리에 있는 도비도항은 대조도 남쪽에 있는 섬이었다가 615

번 지방도로가 나면서 육지가 되었다. 바위섬인 도비도는 옛날에는 가비도加飛島라고 불렸고, 1984년 대호방조제가 준공되면서 안쪽의 넓은 갯벌이 간척으로 대규모 답이 되면서 연륙화되었다. 대난지도를 오가는 연락선이 출항하는 포구 역할을 하고 있는 이 섬은 절벽이 깎아지른 듯하다. 도비도 휴양 단지가 조성된 뒤부터 당진 6경으로 불리는 이 섬이 조선 시대에 발행된『해동지도』'당진'편에 조도와 초락도 사이에 있는 것으로 실려 있다. '더할 가加' 자로 보아, '더비도'가 '도비도'로 변한 후 정착된 것이라고 해석되고 있는데, 주민들의 말에 의하면 섬 모양이 새처럼 생겨서 언젠가는 '날아갈 섬'이란 데서 유래했다고 한다.

대호방조제의 길이가 너무 길다. 무심하게 잊어버리고 걷고 또 걸어야 걸을 수 있는 7.2㎞의 대호방조제 길. 끝이 보이지 않지만, 길의 끝에는 또 다른 길이 있으리라는 희망 하나로 걷고 또 걷는다. 대호방조제를 지나 당진발전본부 쪽으로 나아가 고로3리 노인복지회관을 지나서 당진시 석문면 왜목마을에 도착한다.

# 동쪽에서 해가 뜨고
# 서쪽으로 해가 지는 당진 왜목마을

'해 지는 서해에서 해 뜨는 동해까지' 이런 주제를 가지고 송년과 신년 기행을 여러 차례 했었다. 지금은 새만금으로 변했지만 망해사가 있는 심포에서 경주의 감은사까지 먼 길을 버스로 달리며 보는 지는 해와 떠오르는 신년의 해에 감격했는데, 특히 당진의 왜목마을에서는 해 지는 것과 뜨는 것을 모두 볼 수 있었다. 해가 뜨는 것을 바라보는 것은 희망을 의미하지만 하루 해가 지는 것을 바라볼 때 알 수 없는 슬픔이 밀려오는 것은 하루가 다하는 것만이 아니라 인생이 저물어가는 것과 같아 마음이 쓸쓸해지기 때문이리라. 그래서 그런지 생텍쥐페리의『어린 왕자』에도 해 지는 풍경이 아름답게 묘사되어 있다.

> 아, 어린 왕자여, 나는 그렇게 해서 조금씩 네 쓸쓸한 작은 생활을 알게 되었다. 너는 오랫동안 해가 지는 것을 바라보는 즐거움밖에는 없었지. 네가 나흘째 되던 아침에 내게 이런 말을 했을 때 나는 이 새로운 사실을 알게 되었다.

"나는 해가 지는 것을 보는 게 좋아. 우리 해 지는 것 보러 가."

"그렇지만 기다려야만 된단다…."

"뭘 기다려?"

"해가 지는 걸 기다리지."

처음에는 네가 아주 놀란 표정을 짓더니 이내 그런 너 자신에 대해 깔깔 웃었지. 그리고 이런 말을 했어.

"나는 아직도 우리 집인 줄 알았어!"

사실 그렇다. 누구나 알다시피 미국이 정오이면 프랑스에서는 해가 진다. 해가 지는 것을 보려면 1분 동안에 프랑스에 갈 수 있으면 되는 것이다. 불행하게도 프랑스는 너무 멀다. 그러나 네 작은 별에서라면 몇 걸음 의자를 끌어당기면 되었다. 네가 그것을 보고자 할 때마다 너는 황혼을 바라볼 수 있었지.

"어느 날, 난 마흔세 번이나 해 지는 걸 구경했어."

그리고 조금 있다가 너는 이렇게 덧붙였다.

"아저씨도 알 거야… 아주 쓸쓸할 때는 해 지는 구경을 하고 싶다는 걸…."

"그럼 네가 마흔세 번이나 해 지는 걸 구경하던 날은 그렇게도 쓸쓸했었니?"

그러나 어린 왕자는 대답하지 않았다.

내가 사는 이 세상은 소혹성 B 612호가 아니라서 하루에 한 번만 해가 지는데, 그때마다 쓸쓸함에 가슴이 허한 것은 비단 나만일까?

매일 해가 지고 해가 뜨는 풍경을 볼 수 있는 왜목리가 있는 교로리는 본래 당진군 내맹면의 지역으로, 지형이 다리처럼 되었기 때문에 다리길 또는 교

왜목마을

로라고 했다.

검은들 북쪽에 있는 산인 석문산은 절벽 밑에 문처럼 생긴 굴이 있고, 다리길 북쪽에 있는 곶인 한여목이라는 여울은 옹진군 대부면 풍도리 육섬 사이가 되는데, 물살이 몹시 세서 배가 다닐 수 없었다고 한다.

왜목리를 출발한 서해랑길 여정은 '아름다운 항구'로 알려진 석문면 장고항에 이른다. 지형이 장고처럼 생겼기 때문에 장고목 또는 장고항이라고 이름 지은 장고항은 전형적인 어촌이고, 근처 바다에는 우럭, 노래미, 광어가 많이 잡히며 5월에는 실치 회를 맛볼 수 있는 곳이다. 이곳에 노적을 쌓은 듯한 노적봉 뿌리가 있고, 지형이 용의 꼬리처럼 생겼다는 용미말이 있다.

장고항2리 정류장에서 시작된 서해랑길은 석문 달맞이공원에 이르고, 삼화교를 지나 당진시 송산면에 있는 파인스톤CC를 지나 유현과 두곡의 이름을 따서 지은 송산면 유곡2리 교차로로 이어진다. 버드나무가 많은 고개라고 해서 버드나무재가 한문으로 유현재가 되고 버드나무재 앞에는 버드나무개가 있다.

유곡리를 지난 여정은 송악읍 월곡리 회관 버스정류장을 지난다. 다리실 또는 월곡이라고 불렀던 이 마을에는 장승이 서 있었던 다리실 장승박이, 돌이 곶을 이루는 돌고지마을이 있다.

당진시 송악읍 한진리漢津里에 있는 한진나루는 일명 대진 또는 나루머리라고도 부른다. 이 나루는 조선 시대에 당진, 서산, 태안, 보령, 서천 등지에서 서울로 통하는 유일한 기항지였다. 아산만에서 서해로 통하는 큰 포구였으므로 항시 사람들로 붐비던 나루였다. 경기도 평택시 포승읍 만호리로 가는 배가 오가던 한진나루의 '한진'이라는 이름은 중국의 한나라와 교역하던 항구라 지었다는 설이 있다. 또한 '당진'이라는 이름 역시 당나라와 교역하던 항구라서 붙여졌다는 설이 있다.

> 일자나 한자 들고 봐, 일월 송송 해송송, 장자나 한자 들고 보오, 장원에 광대 박광대, 광대 중에도 제일이라.

당진군에 내려오는 〈장타령〉을 부르며 바다를 따라 서쪽으로 내려간 당진시 송악읍 상록수길에 '심훈기념관'이 있다. 송악읍 부곡리에서 태어난 심훈沈熏은 일제강점기의 소설가이자 시인이며 영화인이었다. 〈동아일보〉에서 기자로 활동하던 그는 '철필 구락부 사건'으로 기자 노릇을 그만두고 고향에 내려왔다. 심훈은 공동경작회를 조직하여 농촌운동에 앞장선 심재영과 화성시 반월면의 샘골마을에서 농촌운동을 벌이다가 작고한 최영신을 모델로 『상록수』를 집필했으니 주인공 박동혁과 채영신이었다. 〈동아일보〉에 연재된 이 작품을 쓸 당시 "내가 죽으면 이 책을 제사상 위에 놓아라"라고 말했던 그는 책을 쓰고 나서 교정도 다 보지 못하고 서른다섯 살의 나이로 타계하고 말았다.

심훈이 『상록수』를 집필한 곳이 지금의 충청남도 당진시 송악읍 상록수길 97에 있는 필경사였고, 당진시는 심훈의 항일 및 계몽 정신을 선양하기 위해 일제강점기 주택인 필경사 일원에 기념관을 건립한 뒤 '심훈기념관'이라 이름 지었다. 기념관에는 심훈의 후손 및 여러 사람이 기증하고 위탁한 유물들이 전시되어 있다.

그날이 오면, 그날이 오면은
삼각산이 일어나 더덩실 춤이라도 추고
한강이 뒤집혀 용솟음칠 그날이
이 목숨이 끊기기 전에 와 주기만 하량이면
나는 밤하늘에 나는 까마귀와 같이

종로의 인경을 머리로 들이받아 울리오리다.
(…)
그날이 와서, 오오 그날이 와서
(…)

심훈의 시 「그날이 오면」을 바라보다가 '노래를 찾는 사람들'의 〈그날이 오면〉의 가사, "그날이 오면, 그날이 오면, 내 형제 그리운 얼굴들 그 아픈 추억도, 아아 짧았던 내 젊음도 헛된 꿈은 아니었으니, 그날이 오면, 그날이 오면"을 가슴 아리게 읊조리며 심훈기념관인 필경사를 나왔다.

복포리와 상운리의 이름을 따서 지은 복운리 나눔숲을 지난다. 이곳 복운리에는 염전이 많았다. 1951년 갯벌을 메워서 염전을 만든 광양염전, 1939년에 갯벌을 메워서 논을 만들었다가 1952년에 염전으로 전환한 대산염전, 1953년에 만든 부흥염전과 운천염전. 이곳에서 소금을 굽던 사람들은 어디서 왔다가 어디로 갔을까?

1 삽교천방조제 기념탑 2 필경사 심훈의 집

서해랑길은 신평면의 음성포구에 이르고 천천히 걷다 보니 신평면 매산리의 맷돌포선착장에 이른다. 맷돌포는 포구로 물이 들어오면 뱃머리가 오른쪽으로 돌고, 반대로 물이 빠지면 뱃머리가 오른쪽으로 도는 것이 마치 맷돌과 같다고 해서 지어진 이름이다. 이곳에 영웅바위가 있다. 바다 가운데 우뚝 솟아서 마치 커다란 사람처럼 보이는 바위인데, 임진왜란 때 적군이 배를 타고 공격하러 왔다가 마침 바닷물이 빠지고 안개가 자욱하자 바위를 보고 수군대장이 투구 철갑을 갖추고 군대를 지휘하여 대기하는 줄 착각하여 물러갔다고 한다. 전쟁이 끝나고 이런 이야기를 들은 나라에서 이 바위를 영웅바위라고 명명했다고 한다.

한때는 번성했다가 지금은 한적한 포구로 변한 맷돌포선착장에서 부수리를 지난 여정은 삽교천방조제에 이른다. 이 방조제는 충청남도 당진시 신평면 운정리와 아산시 인주면 문방리 사이로 흘러드는 삽교천 하구를 가로막은 둑이다. 길이 3,360m, 최대 너비 168m, 높이 12~18m인 삽교천방조제는 1976년 12월에 착공하여 1978년 3월 최종 물막이 작업에 성공, 1979년 10월 26에 완공되었다. 168억 원의 사업비와 연인원 33만 6,000명의 인력이 동원된 이 방조제 건설은 충청남도 당진·아산·예산·홍성의 4개군 22개 읍·면 지역을 전천후 농토(2만 4,700ha)로 개발하는 큰 공사였다.

본래 이 지역은 내포라는 넓은 평야와 간석지를 가지고 있으면서도 농업용수가 부족해서 해마다 한수해旱水害를 겪어 왔고, 하구에서 역류하는 바닷물로 염해까지 입어 왔다. 자연재해를 근본적으로 해결하고 개선하기 위한 목적으로 삽교천방조제가 축조된 뒤 이 근처 4개군 지역의 농업용수가 해결되었다.

영화 〈서울의 봄〉이 천만 관객을 동원했는데, 〈서울의 봄〉의 근원이 삽교천방조제다. 1979년 10월 26일 삽교천 준공기념식에 참석했던 박정희 대통령이 그날 저녁 궁정동에서 김재규의 총탄에 쓰러졌고, 그때 안기부장이었던 전두환이 정권을 잡으면서 역사의 드라마가 시작된 것이다.

당진과 아산 사이를 가로지른 삽교천에서 바라보는 아산만의 폭은 약 2.2㎞, 만입은 약 40㎞이며 행정 구역상 넓게는 경기도 화성시, 평택시, 충청남도 아산시, 당진시, 서산시 등이 포함되는 아산만을 음미하며 걸어서 아산시에 이른다.

# 공세리성당이 있는 아산의 서해랑길

유궁포由宮浦의 물이 북쪽으로 흘러와서 안성천 하구에 있는 지금의 아산호, 즉 소사하와 합쳐지며 두 가닥의 물이 만나는 그 사이가 아산시다. 1914년 행정 구역 개편 당시 아산군, 온양군, 신창군이 합쳐져 아산군이 되었다가 시로 바뀐 아산군의 백제 때 이름은 아술현牙述縣이었다. 신라 때는 음봉陰峯이라 불리다가 조선 태종 때 지금의 이름으로 고쳐졌다.

이 군의 형세를 고려 말과 조선 초기의 문신 정이오는 다음과 같이 그렸다.

"수많은 산봉우리가 교차하여 대치해 섰고, 두 시냇물이 돌아 흐른다."

성종 때의 문신인 이승소가 아산의 풍습을 이야기한 걸 보자.

"아산은 역시 예부터 이름 있는 지역으로, 땅이 기름지고 백성이 많

이순신 장군묘

아 한쪽 지방에서 으뜸갔던 곳. 풍속의 후박을 어찌 깊이 걱정하며,
시읍市邑의 흥폐를 다시 누구를 원망하랴."

이곳 아산에 이름을 널리 알린 사람이 난세의 영웅 이순신과 청백리의 표상으로 널리 알려진 맹사성이다.

서해랑길의 여정은 삽교천방조제를 지나 인주면 인주공단교차로에 이른다. 아산시의 고려 때 이름인 인주에서 따온 인주면의 소재지는 문지와 방축의 이름에서 따온 문방리에 있다. 문방리와 신성리를 지난 여정이 공세리에 이른다.

공세리에는 조선 시대 나라의 세곡을 저장하던 공세창貢稅倉이 있었다. 『경국대전』에 수록된 조선 전기 전국 9개 조창 중 한 곳이었던 공세창은 중종 18년인 1523년에는 창고 80간을 지었다. 공세창에는 충청도 40개 고을(아산, 서산, 임천, 정산, 공주, 부여, 은진, 해미, 태안, 서천, 청주, 문의, 옥천, 예산,

당진) 등의 조세를 거두어서 매년 배에 실어 서울로 보냈으나 조선 후기인 고종 때 폐지되었다. 그런 연유로 이 호수를 공세호貢稅湖라 불렀다.

공세리 서쪽에 있는 마을 서강은 바닷물이 들어와서 조세를 배에 실어 수송했던 곳이다. 이곳은 본래부터 생선과 소금이 넉넉했는데, 창을 설치한 뒤부터는 백성들과 장사꾼이 많이 모여들어서 부유한 집이 많았다. 창이 있는 것뿐 아니라 영인산 두 갈래의 물길, 즉 곡교천과 둔포천 사이에 그쳐서 기세와 맥이 풀리지 않았고 곡교평야가 펼쳐져 있으므로 산의 전후와 좌우가 모두 이름난 마을이며 사대부 집이 많았다.

공세리에 있는 침해당 터는 공세창성 북쪽 높은 돈대에 있는 정자 터로, 근처에 살고 있던 큰 부자 성시망이 세웠는데, 현재 그 자리에 공세리성당이 들어섰다. 천주교 대전교구 소속 성당인 공세리성당은 여러 영화와 드라마의 촬영장으로 활용된 아름답고도 고즈넉한 성당으로 오랜 세월의 흔적을 담담하게 보여 주고 있다. 충청도에서 두 번째로 오래된 공세리성당은 1895년 6월 양촌성당陽村本堂(구합덕성당의 전신)에서 분리·창설되었고, 공세리란 명칭은 공세창貢稅倉에서 따왔다.

양촌 본당의 관할 아래 있던 이 성당은 1895년 6월 드비즈Devise(성일론, 成一論) 신부가 공세리로 부임하면서 설립되었다. 초대 주임으로 부임한 드비즈 신부는 매입했던 10칸 정도의 기와집을 개조하여 성당으로 만들었고, 1897년 6월에는 다시 3대 주임으로 부임하여 공세창이 있던 일대를 매입한 뒤, 1899년 그 자리에 성당과 사제관을 건립했다.

1920년대에 들어 신자 수가 증가하자 드비즈 신부는 자신이 직접 설계하고 중국인 기술자들을 지휘 감독하여 1922년 9월에 지금의 고딕 양식의 서양식 성당과 사제관을 완공했다. 이인하李寅夏 신부가 1958년 초에 강당을 신축했고, 1971년 1월에 김동욱金東旭 신부가 성당을 증축하고 별관을 완공했다. 울창한 나무숲과 고색창연한 성당 건물이 조화롭게 어우러지는 공세리성당의 모습은 한 폭의 풍경화처럼 아름답다.

공세리에서 모원리를 지나자 영인면 백석산 자락의 백석포리에 도착한다. 백석포가에 있으므로 백석포라고 지은 이 마을은 조선 정조 당시 수원 화성을 건설할 때 그 신역을 피하기 위하여 이곳으로 피난하여 온 이들로 큰 마을을 이루게 되었다고 한다.

정조가 아버지인 사도세자를 위하여 화성을 건설할 때에도 백성들은 살기가 힘들어서 도피하는 일들이 있었으니, 모든 사람을 만족시키는 지도자는 예나 지금이나 존재하지 않는 것이 아닌가?

백석포를 지나서 창룡리를 거쳐 쌀조개섬에 이른다. '쌀조개섬'이란 명칭은 섬의 형상이 쌀조개와 닮았기 때문에 지어졌다. 우리나라의 지명이 대부분 일제강점기를 거치며 한자화되었는데, 쌀조개섬이 지금까지 한글 이름으로 남아 있으니 얼마나 재미난 일인가.

쌀조개섬을 바라보며 걷다가 보니 어느새 경기도 평택시 팽성읍에 이른다.

공세리성당

4장

# 서해랑길
# 네 번째 구간

# 경기도의 초입
# 평택시

경기도 최남단에 있는 평택시는 고구려의 영토로 하팔현河八縣으로 불리었다. 『세종실록지리지』에 '땅이 기름지고 메마른 것이 반반'이며 호수가 197호이고, 인구가 704명이며 군정은 시위군이 8명, 진군이 3명, 선군이 78명이라고 기록된 평택은 1914년 양성현과 직산현의 일부를 떼어 내어 진위군振威郡이 되었다가 1924년에 평택으로 바뀌었다.

> 평택의 풍속은 대체로 부드럽고 순하니, 유달리 굳세고 과감하여 떨쳐 일어나는 기운이 없다. 이는 또한 토지가 메마르고 백성들이 가난하여 글공부나 무예에 힘쓸 겨를이 없어 일찍이 마음에 둘 염려조차 내지 못했기 때문이다.

『여지도서』에 실린 평택의 풍속을 논한 글이다.

조선 초기의 문신이며 청백리로 널리 알려졌던 박서생朴瑞生의 시에 '물 천천히 흐르고 산 낮으며, 옥야는 평평한데 주민들은 골골마다 밭갈이를 일삼는다'라고 했고, 노숙동盧叔同이 '기름진 들 멀리 손 모양 평평한데 농부들 도롱이 삿갓 쓴 채 구름 헤치며 밭을 간다. 봄바람 질펀한 들엔 꽃바다 이루었고 밭머리에선 꾀꼬리가 아래위로 날며 운다'라고 했던 것처럼 평택은 들이 넓어서 쌀의 본고장, 즉 경기미의 본고장이다. 조선 초기의 학자 하륜河崙은 "길이 남과 북으로 통한다"라고 했고, 서거정 또한 "삼도의 요충이 되는 지점에 있다"라고 했다. 이처럼 평택은 서울에서 삼남으로 내려가는 길목에 자리 잡았을 뿐만 아니라, 『평택군지平澤郡誌』에 의하면 청북면 고잔리의 고잔포는 한강 하류를 거쳐서 마포나 인천으로 가는 뱃길 중에 중요한 포구였다고 한다.

『동국여지승람』에는 '남북으로 통하는 큰길이므로 사신과 빈객의 행차가 잇달아서 영접하고 전송하고 공제하느라고 넉넉하지 못함이 염려된다'고 하여 이곳 평택 고을의 어려움을 토로했다. 서거정 또한 "이 가난한 백성과 궁폐한 아전이 번거로운 영접과 전송에 곤란을 당하고 또 무슨 다른 일을 거론할 것이 있으랴"라고 뒷받침하고 있다.

팽성읍 노양리는 예전 경영현의 자리로 노하와 예양의 이름을 따서 노양이라고 지었다. 노양 마을회관을 지나 평택국제대교를 건넌다. 이 다리는 경기도 평택시 팽성읍과 현덕면을 이으며 평택호(아산호)를 횡단하는 다리로 2013년 6월에 착공했지만 여러 차례의 사고 끝에 2020년 1월 22일에 개통되었다.

서해랑길에서 만나는 평택시 현덕면은 검은 바위가 있어서 현덕이라고 지었는데, 현덕면 덕목리에 심복사라는 절이 있고 그 창건 설화가 재미있다.

옛날 파주 문산포에 천문을千文乙이라는 어부가 살고 있었다. 그는 어느 날 고기를 잡으러 바다에 나갔다가 이곳 덕목리 앞 아산만에 이르게 되었다. 그곳에서 고기잡이에 열중하던 중 그물에 무엇인가 걸렸다. 그물을 당겨 보니 큰 돌이었다. 자세히 살피지도 않고 다시 바다에 그물을 던졌다. 얼마 후 그물에는 또 무엇인가 걸린 듯했다. 건져 보니 이번에도 돌이었다. 이상히 여겨 살펴보니 그것은 불상이었다.

깊은 불심이 있던 어부는 공손히 그 불상을 모셨는데, 그날 밤 꿈에 돌부처가 나타나 현몽을 했다.

"내가 있을 곳은 심복사이니 파선된 배 조각을 거두어 일을 짓되, 임자 없는 소 세 마리를 끌어다가 부리도록 하라."

그 어부는 돌부처의 말을 그대로 따라서 절을 지어 그곳에 부처를 모셨다. 그 부처는 우주 영험해서 나라에 큰일이 있을 때마다 아랫도리에 땀을 흘린다고 하며 보물로 지정되어 있다.

현덕면에 있는 평택호예술공원은 아산방조제 북쪽 평택호에 접한 예술공원이다. 아산방조제를 기준으로 내륙 쪽 호수를 평택호라고 하는데, 평택 사람들은 아산만을 평택만이라고 부른다. 드넓게 펼쳐진 평택호를 배경으로 사진 찍기에 좋은 이곳에서 SBS 드라마 〈이웃집 웬수〉와 KBS의 〈영혼수선공〉이 촬영되었고, 지영희 선생의 업적을 기리기 위해 세워진 지영희국악관, 해금 벤치 등이 있어서 천천히 걸으며 산책하기 좋은 곳이다.

서해랑길은 다시 현덕면 권관리로 이어지고, 권관리에 있는 산이 계두봉 또는 닭의 머리라고 부르는 산으로 토정 이지함의 전설이 남아 있다.

이지함이 아산현감으로 재직하던 조선 선조 때인 1578년에 이 일대가 바다로 변할 것을 알게 된 이지함은 당진군 신평면까지 돌아다니면서 피하라고 알려 주고 급히 달아나 이 바위에 앉아 그때를 기다렸다. 그때 한 등짐장수가 숨이 가쁘게 올라와 지팡이를 뻗치고 앉는 것을 본 이지함이 말했다.

"조금 더 올라오게."

그러자 그는 웃으면서 "참 겁도 많습니다" 하고 그대로 앉아 있는데, 천지가 흔들리더니 그 지팡이 끝까지만 바다가 되는 것이었다. 그것을 보고 이지함이 급히 달려가 인사를 청하자 등짐장수는 인사도 받지 않고 구름처럼 걸어갔다. 이지함이 아무리 쫓아가도 붙잡지 못했다는 것이다.

'뛰는 놈 위에 나는 놈 있다'는 말처럼 세상에 고수가 많은 것이라서 부처도 "나 외에는 모두가 나의 스승이다"라고 말하지 않았을까?

신명2리 마을회관을 지난 서해랑길은 평택시 포승읍에 있는 평택항에 도착한다. 경기도 평택시 포승읍 만호리에 있는 평택항은 1986년 12월 액화천연가스선船이 처음 입항했고, 1986년 12월 5일 국제무역항으로 개항했다. 2000년 12월 정기 컨테이너선이 처음으로 취항하면서 서해의 대표적인 국제무역항으로 성장할 계기를 마련했으며, 컨테이너선이 홍콩과 중국의 톈진天津, 칭다오靑島를 각각 매주 한 번씩 운항하고 있다. 2008년 1월에는 서해항만 최초로 미국행 항로를 개설했다.

평택항에서 2㎞쯤 걸어가자 신당근린공원에 도착하고 근린공원을 지난 서해랑길은 포승읍 원정리에 이른다. 조선 시대에 나라의 말을 놓아 먹이는 괴태장이라는 이름의 목장이 있었고, 우물이 멀기 때문에 먼우물 또는 원정이라고 했던 원정리에 한국불교의 큰 발자취가 남아 있는 수도사가 있다.

1914년 일제가 행정 구역을 개편하기 전까지 진위군 관할이었던 평택시 포승면 원정리의 수도사는 창건 연대가 분명하지 않다. 이 절에 신라 시대의 고승 원효와 의상 스님에 대한 전설이 서려 있다.

신라 제28대 임금인 진덕여왕 4년(650)에 원효와 의상 두 스님이 불교를 공부하기 위해 당나라로 가는 길에 배를 기다리며 이 절에 하룻밤을 머물렀다. 원효대사가 밤중에 목이 말라 절 뒤로 가서 바가지에 담긴 물을 마시니 시원하기가 이를 데 없었다. 그러나 아침에 깨어 보니 그 물이 담겨 있던 곳이 해골바가지였다. 그 해골과 해골에 남아 있는 물을 바라보자 메스꺼움이 밀려와 토하다 생각하니, 그렇게 맛있게 먹었던 물이 바라보자마자 구역질이 나는 것으로 변하는, 그처럼 세상의 모든 것들이 마음먹기에 달려 있음을 깨닫게 된 것이다.

깨달음을 얻은 원효대사가 지은 「오도송悟道頌」은 다음과 같다.

마음이 생겨나니, 온갖 법이 생겨나고,
마음이 사라지니, 감실과 무덤이 다르지 않네.
삼계가 오직 마음일 뿐이요, 오직 앎識일 뿐이로다.
마음 밖에 형상法이 달리 없거늘, 어찌 따로 구하리오.

원효대사는 곧바로 집으로 돌아왔고, 의상대사만 당나라로 들어가 공부를 계속한 뒤 영주 부석사를 비롯한 화엄십찰을 세웠다.

평택 수도사

이곳 원정리에는 괴태고지 또는 봉우재라는 이름의 봉수대가 있어서 충청도 면천의 청태산과 직산의 망해산, 수원의 흥천산 봉수에 응했으며, 당진군 송악면으로 가는 한나루라는 나루터가 있었다.

경기도 평택시 포승읍 원정리와 경기도 화성시 우정읍 이화리를 잇는 남양방조제는 간척지 개답開畓과 농업용수 확보를 위해 남양만을 흐르는 발안천發安川 하구를 가로막아 축조된 방조제이다.

# 화성 마산포에 남은 대원군의 발자취

남양방조제를 건너자 화성시 이화리에 이른다. 이화리는 보금산이라는 산 밑에 곶으로 되어 있기 때문에 배곶, 배골 또는 이화동이라고 했는데, 보금산 자락에 보덕사라는 절이 있다. 이화리 정류장을 지나자 야구장과 축구장이 있는 기아모터스 스포츠센터에 이르고, 바로 우정읍 매향리에 이른다.

본래 수원군 압정면의 지역으로 고온이, 고온동 또는 고온포古溫浦라 했는데, 전설에 의하면 옛날 서원과 구장이라는 두 문장가가 마을 이름을 지을 때 서원은 매梅 자를, 구장은 향香 자를 짚어서 매향이라는 명칭이 생겼다. 문말, 새말, 양지촌, 가로지라는 마을 이름들이 매향리를 이루는 마을 이름인데, 문말은 문씨가 많이 살았기 때문에 붙은 이름이며 새말은 새로 된 마을이라 하여 붙여진 이름이다.

이곳 매향리가 사람들에게 널리 알려진 것은 그리 오래전 일이 아니다. 한국전쟁이 한창 진행 중이던 1951년 미국 군대가 매향리 앞 농섬을 해상 표적으로 삼고 사격 연습을 시작했다. 1954년 미국 군대가 본격적으로 매향리 해안

매향리

에 주둔하기 시작했다. 1955년 「대한민국과 아메리카 합중국 간의 상호방위조약」 제2조에 근거하여 폭격훈련장이 설치되었고, 1968년에 958,677㎡ 규모의 마을 농지에 육상 사격장을 조성하면서 '쿠니사격장'이 완성되었다. 1980년에는 해안 지역의 농지를 추가로 징발하면서 719만 평 규모의 미국 공군 훈련소가 조성되었다. 그 뒤 54년간 사격 훈련과 폭격 훈련이 이어지면서 소음 및 환경 공해로 인한 피해뿐만 아니라, 오발탄과 불발탄으로 인하여 인근 주민들이 다치거나 사망하는 사건들이 발생했다.

1989년 3월 주민 1천여 명이 사격장 이전 및 피해 보상을 요구하는 항의 시위를 시작했고, 오랜 세월이 흐른 2000년 8월 국방부가 '매향리 사태 종합대책'을 발표하면서 지상화기 사격 훈련이 전면 중지되었다. 주민 14명이 국가를 상대로 손해배상 소송을 제기하여 국가 배상이 확정되었고, 결국 쿠니사격장 폐쇄가 결정되었다.

평화생태공원은 미군의 공중 사격 훈련으로 정신적·경제적 고통을 겪었던 과거의 아픔과 훼손된 환경을 치유하고, 외부관광객 유치를 통한 지역 경제 활성화를 도모하기 위하여 조성되어 2021년 7월 완성되었다. 근현대사의

아픔을 지닌 매향리의 농섬은 수목이 울창하지만 폭탄 투하로 원래의 3분의 1 가량이 사라졌다고 한다.

평화생태공원을 지난 여정은 화성방조제를 지나 화성시 서신면 궁평항에 도착한다. 본래 남양군 신리면 지역으로 궁에서 관리하는 땅이 많았기 때문에 구을 또는 궁평이라 부른 궁평리 해변은 해송의 진한 향기가 바닷바람을 타고 이마를 스치고 지나가는 아름다운 길이다. 궁평 해변길을 지난 여정은 백미리에 도착한다. 높은 산 밑에 있기 때문에 배일미 또는 백미라고 했는데, 해변이 아름다운 백미리에는 함박산, 돌팍산 등의 산과 감투섬이 있으며, 백미리에서 가장 큰 마을이 구리섬마을이다. 이 마을은 그 이름을 잘 살려서 '백 가지 맛이 있는 마을'이라는 별칭을 지었고, 항구가 아름다워서 수도권에 사는 사람들이 즐겨 찾는 여행지가 되었다.

감투섬이 그림처럼 보이는 백미항을 지나서 바닷가 길을 따라간 곳에 거의 폐업 수준인 공생염전이 있다. 남창염전을 지나서 서신면 송교리에 이른다. 소나무로 다리를 놓았으므로 솔다리 또는 송교라고 부른 송교리의 개정촌마을을 지나서 서쪽을 보니 칠면초 너머 제부도가 한 폭의 그림이다. 까치 섬, 새섬이 '나도 섬이다'라고 소리치는 것 같은 해안 길 너머 제부도는 경기도 화성시 서신면 제부리에 딸린 섬으로 면적이 0.972㎢이고, 해안선 길이 4.3㎞이다. 제부도해수욕장과 매바위, 삼형제바위가 있는 이 섬은 지형이 젖꼭지처럼 생겼기 때문에 젖부리, 젖비 또는 제부동이라고 불렀는데, 옛날부터 육지에서 멀리 바라보이는 섬이라는 뜻에서 '저비섬' 또는 '접비섬'으로 불렸다. 조선조 중엽부터 송교리와 제부도를 연결하는 갯벌 고랑을 어린아이는 업고, 노인은 부축해서 건넌다는 의미에서 '제약부경濟弱扶傾'이라는 말이 전해져 왔으며, 여기서 '제' 자와 '부' 자를 따와 '제부리濟扶里'로 개칭되었다고 한다.

이 섬이 사람들에게 널리 알려진 것은 하루에 두 번 바닷길이 열리는 '모세의 기적'으로 소문이 나면서부터였다. 밀물이 들어오면 물때에 따라 몇 시간 정도 자동차 길이 덮여 통행을 할 수가 없다. 하지만 이 시간만 조금 지나가면 마음대로 다닐 수 있는 제부도의 일몰은 '제부낙조濟扶落照'라 하여 화성팔경華城八景의 하나다.

서해랑길은 지형이 담처럼 생겼으므로 담밖 또는 장외라고 지은 서신면 장외리를 지나서 전곡항에 이른다. 구봉산 앞 골짜기가 되므로 앞실 또는 전곡이라고 지은 전곡항에 이른다. 이 항구는 제부도·누에섬과 마주하는 항구로 근처에 있는 제부도·궁평항·화성호 등과 연계한 서해안 관광벨트 개발계획

에 따라 전국 최초로 레저어항 시범지역으로 선정되어 다기능 테마어항으로 조성되었다.

전곡항에서 멀지 않은 화성시 송산면 마산리에 있던 마산포에서 조선 후기에 나는 새도 떨어뜨릴 만큼의 권력가였던 흥선 대원군이 청나라에 포로로 붙잡혀 갔다.

## 대원군이 청나라에 포로로 붙잡혀 간 마산포

화성시 송산면 고포리의 마산포馬山浦는 뒷산이 말처럼 생겨서 마산이라는 이름을 얻었는데, 남양반도南陽半島 맨 서쪽 끝에 있다. 남양도호부가 설치되었던 시절, 인천에 제물포가 개항하기 이전에 가장 번성했던 포구로 그 일대의 물산이 모여 들고나고 했던 포구였다.

마산포는 1882년 7월 초 임오군란 당시 청나라 장수 원세개袁世凱가 청군을 이끌고 상륙한 곳이기도 하다. 청군은 마산포에 상륙한 뒤 대원군大院君을 붙잡아 청국으로 데려갔다. 그때 청국의 군함은 대부도 남쪽, 즉 불도 바깥 해변에 정박했던 것으로 알려져 있는데, 그때의 상황이 매천 황현이 지은 『매천야록梅泉野錄』에 다음과 같이 실려 있다.

> 중국이 오래도록 떨치지 못했기 때문에 한번 위엄으로 외방을 진압해 보려고 마건충馬建忠, 정여창丁汝昌 등을 보내 해군 수천 명을 뽑아 밤낮으로 항해하여 남양 마산포를 거쳐 남대문 밖에 와서 주둔하고 진무鎭撫를 위한 것이라고 핑계 대었다.
> 병사들을 단속해 매우 편안하고 한가롭게 하게 하여 도성의 백성들이 두려워하지 않게 했다.

마건충 등이 대원군을 초청했는데, 대원군은 가고 싶지 않았지만 부득이 갈 수밖에 없었다. 막상 가 보니 여러 장군이 매우 환대했고, 두 번째 갔을 때도 역시 마찬가지였다.

대원군을 세 번째로 초청했다. 대원군이 태평히 가마를 준비하라고 명했다. 불길함을 느낀 정현덕鄭顯德이 그를 만류하면서 "대감께서 이번에 가면 필시 돌아오지 못할 것입니다"라고 했지만 대원군은 듣지 않았다.

청군 진영의 제1문에 도착하자 가마에서 내리게 하고, 제2문에서는 시종들을 따라오지 못하게 저지했다. 전날과는 매우 달라서 비로소 변고가 있음을 깨달았으나 어찌할 도리가 없었다. 마건충 등이 호령하여 대원군을 결박시키고 밀랍 덩이로 입을 틀어막아 소리치지 못하게 한 다음 가마에 밀어 넣더니, 장정 한 패가 번갈아 마주 들고 후문으로 떠메고 나가 동작나루로 번개같이 달려 남양의 마산포에 이르러 화륜선에 싣고 떠났다.

시종들이 군영 밖에 있다가 오래도록 나오지 않는 것을 보고 괴이하게 여겨 물으니, 그들이 거짓으로 대답하기를, "국태공은 긴급히 타협할 일이 있어 군영에서 묵고 응당 내일 돌아갈 것이다"라고 했다.

다음 날 남대문에 방榜을 걸어 도성 백성들에게 효유하기를 '국태공이 왕비 시해에 관여했다는 소문이 중국에까지 알려져 진위를 분별하기 어려워 황제가 한번 물어보고자 하여 어제의 일이 있었던 것이다. 사실이 명백해지면 응당 다시 돌려보낼 것이니 백성들은 두려워 말라'고 했다. 이에 온 나라가 크게 흔들렸다.

한 주권 국가에서 왕의 아버지가 나라의 수도 한복판에서 납치되어 화물

선에 실려 가는 일이 자행되었다. 그런데도 아무런 항변도 할 수 없었던 것이 그 당시 조선이라는 나라의 실정이었다.

그 당시 역사의 현장을 지켜보았던 마산포 부근에 대부도 영흥도로 이어지는 다리가 놓이고 그 북쪽으로 시흥시와 화성시를 잇는 방조제를 만들어졌다. 그 뒤 시화호란 이름이 붙은 방조제 때문에 생긴 간척지들이 어수선하게 널려 있는 마산포에서는 어디를 보아도 그 당시 대원군의 절망과 비애가 묻어있는 포구의 흔적은 찾아볼 수가 없다.

역사의 소용돌이 속에서 가장 믿을 수밖에 없었던 며느리, 즉 민비와의 불화와 국내외적 상황, 타의에 인해 조국을 떠날 수밖에 없었던 대원군의 슬픔이 서린 포구는 『대동여지도』 속에만 남아 있으니, '바다 가운데 여러 섬은 남북으로 나뉘었고, 구름 밖의 긴 멧부리는 혹 있다 없다 하네. 굽은 언덕에 바람이 지나니, 버들이 누런빛을 흔든다'라고 홍여방洪汝方이 노래했던 화성시 송산면의 마산포는 지금은 시화호가 조성되면서 포구의 기능을 잃어버린 채 송산 포도가 새로운 경제 작물로 부각되고 있다.

서해랑길은 전곡항에서 안산시 선감동으로 이어진다. 선감동은 원래 옹진군에 속해 있는 섬으로 선암이라는 바위가 있어서 선암 또는 선감이라 불렀는데, 현재는 연륙되어서 섬이 아니다. 선감동에 지방 어항인 탄도항이 있고, 탄도항에서 길은 바다향기수목원으로 이어진다. 총 30만 평(101만㎡)의 부지에 조성된 이 수목원은 안산시 단원구 선감동에 있는 수목원으로 경기도에서 조성해서 2019년 5월에 개장했다. 우리나라 서해안에서 자라는 식물이 주로 식재되어 있는 바다향기수목원은 약 1,000여 종류의 식물 30여만 그루를 보유하고 있다. 이 수목원에는 주변을 조망할 수 있는 상상전망대가 있으며, 식재된 식물의 특성에 따라 바다너울원, 암석원, 장미원 등으로 구분되어 있다.

동주염전을 지나며 산길이 시작되고, 산길이 끝나는 곳에 시작되는 또 하나의 전망대인 대부광산퇴적암층 전망대에 오른다. 이곳에서 바라보는 전망은 말 그대로 환상적이다. 그곳에서 내려와 남동보건진료소에 발길을 멈춘다.

대부도는 화성시 남양동에서 보면 섬 같지 않고 마치 큰 언덕처럼 보인다고 해서 붙은 이름이기도 하고, 서해안에서 가장 큰 섬이라서 큰 언덕이란 뜻으로 붙은 이름이기도 하다. 대부도의 남쪽이라서 남리라고 부르다가 대부남동이 된 이곳에 있는 마을 흘곶은 행남동 서쪽에 있는 마을로 홍성이라고 부르며, 그곳에 흘곶갯벌체험장이 있다. 홍성리 마을회관, 홍성리 선착장에서 바다를 금그은 듯 이어진 선재대교를 바라본다.

대부도 바다낚시터 입구에서 시작된 서해랑길은, 해솔길 캠핑장을 지나고 북망산을 지나서 구봉도 낙조전망대로 가는 길을 지난다. 대부북동에 있는 구봉이라는 산은 96.5m의 작은 산인데도 바다에서 바로 시작된 산이라서 제법 높다. 구봉도 낙조전망대를 지나서 북망산에 오르자 대부도 관광안내소 2.5㎞ 표지판이 보이고, 산길을 내려오자 방아머리해수욕장이다. 대부도 관광안내소를 지나 길은 시화방조제로 이어진다.

# 시화방조제를
# 지나다

시화호

시화방조제는 한국수자원공사가 1987~1994년 1월까지 경기도 해안도시인 안산과 화성, 시흥을 끼고 있는 경기만 갯벌에 물막이 공사와 매립공사를 하여 만들어진 인공호수를 말한다. 방조제 길이만 12.6㎞인 시화호는 호수면적이 6,100ha에 1억 8,000만t의 물을 담고 있는 거대한 인공호수다. '시화지구'는 시화호(1,329만 평)와 간척지(3,254만 평, 방조제로 막아 육지화한 땅)로 구성되어 있다.

원래 시화지구에는 농경지와 공업단지 그리고 용수를 공급할 깨끗한 담수호가 조성될 예정이었으나 환경기초시설이 갖추어지지도 않은 상태에서 1994년 1월 방조제 물막이 공사가 완료되면서 그 뒤 곧바로 반월공단의 폐수 등이 마구 쏟아져 들어와, 시화호는 '죽은 호수'로 변하게 되었다. 이에 대한 해결방안을 두고 정부와 환경단체가 맞서며 여러 논란을 빚다가 2001년

오이도빨강등대

1월 정부는 시화호의 담수화 계획을 백지화했고 이후 해수호로 관리하고 있다. 이 해수화로 시화호는 철새 도래지, 육상 동식물의 서식지로 변모했으며 특히 2002년에 개장한 갈대습지공원은 시화호가 복구되는 데 큰 역할을 했다. 시화호에는 현재 세계적 규모의 조력발전소인 시화호 조력발전소가 가동되고 있다.

시화나래조력공원을 지나 거북섬에 이르고, 시흥 오이도빨강등대와 박물관을 지나 배곧한울공원 해수체험장에 이른다. 거대한 수문을 바라보자 방아머리항이 한눈에 들어오고, 걸어도 걸어도 끝이 없는 시화방조제를 걷는다. 방조제 곳곳에는 낚시꾼들이 대어를 기다리며 낚시를 드리우고 있고, 어쩌다 보이는 초소들도 있다. 그래, 지금도 이곳 바다에 적들이 오는구나. 멀리 인천시가 흐릿하게 보이고, 시화나래조력공원이 있는 휴게소에 도착했다. 이 방조제가 끝나는 오이도는 아직 멀고도 멀다. 방조제의 중간인 안산과 시흥의 경계를 지났으니 여기는 시흥 땅이고, 방조제 중간 선착장에 이른다. 거북섬을 지나 오이도에 들어선다.

> 당신은 한 마리
> 검은 고래였는지도 모른다.
> 바다를 메운 길 위로 달리는
> 오이도행 지하철
> (…)
> 당신의, 우리의 오이도는 어디에 있는가

강기원 시인의 「오이도행 지하철」에 나오는 오이도는 경기도 시흥시 정왕동 서쪽 바닷가에 있는 섬으로 육지에서 약 4㎞ 떨어져 있었다. 일제 강점기 때 갯벌을 염전으로 이용하면서 육지와 연결된 오이도가 처음 등장한 것은 『세종실록』이고, 원래의 이름은 '오질이도'라는 이름이었다. 그 뒤 명칭이 오질이도吾叱耳島에서 오질애도吾叱哀島로, 다시 오이도烏耳島로 변해 왔다고 알려져 있다.

인근의 옥구도와 함께 옥귀섬玉貴島으로도 불리는 오이도는 남북으로 길게 늘어진 모양이며 해발 72.9m를 넘지 않는 낮은 산지로 이루어져 있다. 섬의 북동쪽은 간척이 이루어지기 전까지 염전으로 사용했던 갯벌이었다.

조선 초기에는 군사상의 요충지여서 봉화대를 설치했고, 섬 전체에 서해안에서 가장 규모가 큰 신석기 시대의 패총이 분포하고 있다. 오이도는 다양한 철새와 생물이 서식하는 넓은 갯벌이 있기 때문에 생태문화탐방지로 널리 알려져 있다.

지하철 4호선의 종점인 오이도는 세월 속에 수많은 사람들이 살고 있는 큰 도시로 탈바꿈했는데, 안양에 살면서 육지의 끝 오이도를 찾았던 김종철 시인은 다음과 같은 시를 남겼다.

**오이도(烏耳島) 3**

젖은 사내들의 고장 난 나침반이
물살을 따라오며 다시 젖는다
젖은 것들이 밤마다 섬으로 건너와
늙은 까마귀와 함께 운다
이 마을을 떠나지 못한 과부 아낙네들이
밤마다 함께 운다
새벽 두 시의 염전 바닥이
조금씩 마른다

오이도 바다

이곳 오이도 부근에 시흥 배곧한울공원이 있다. 야자수와 그늘막이 이국적인 느낌을 물씬 풍기는 이곳은 한울공원 내에 인기 포토존으로 많은 사람이 찾는 지역 명소다. 특히 매년 여름에만 운영되는 해수체험장은 앞으로 펼쳐진 바다 경치가 매우 아름다워서 사람들의 발길이 끊이지 않는다.

서해랑길은 경기도 시흥시 월곶동月串洞에 있는 월곶포구로 이어진다. 월곶이라는 지명은 육지에서 바다로 내민 모습이 마치 반달 같다 하여 붙여진 이름이다. 조선 시대에는 수군만호水軍萬戶가 설치되었던 군사적으로 중요한 장소였던 월곶포구는 1992년부터 56만 4,938㎡에 이르는 갯벌 매립사업을 시작하여 1996년 12월 말 공사를 끝내면서 횟집과 어물전 등 각종 위락시설을 조성했다. 그 뒤 수도권 지역 시민들의 새로운 휴식처로 부상했다.

# 서해랑길은 인천시에 이르다

인천은 비류가 한 나라를 열었던 곳이었다. 『신증동국여지승람』에는 당시의 상황이 다음과 같이 실려 있다.

> 미추홀 주몽朱蒙의 두 아들 중 맏아들은 비류요, 다음은 온조인데 졸본卒本 부여로부터 10명의 신하를 거느리고 남쪽으로 행하니 백성들이 많이 따랐다. 드디어 한산 북악에 올라 살 만한 땅을 찾았다. 비류가 바닷가에 살고자 하니 10명의 신하가 간하기를 '오직 이 한남 땅이 북쪽으로 한수를 띠고, 동쪽으로 높은 산악에 의지하고, 남쪽으로 비옥한 소택지대를 바라보고, 서쪽으로 큰 바다가 막혔으니 천연의 험함과 땅의 이로움이 얻기 어려운 형세입니다. 여기에 도읍을 세우는 것이 또한 마땅하지 않습니까' 했다. 비류가 듣지 않고 그 백성을 나누어 미추홀로 돌아가고 온조는 10명의 신하를 거느리고 위례성慰禮城에 도읍했다. 오랜 뒤에 비류가 미추홀은 땅이 비습하고 물이

> 짜서 편안히 살 수 없으므로 돌아와 위례성을 보니 도읍이 정리되고 백성이 안돈되었다. 드디어 부끄럽고 분하여 죽으니 그 신하와 백성이 모두 위례성으로 돌아왔다.

비류백제라는 나라가 들어섰지만 역사 속에서 금세 사라졌다. 당시 비류백제가 터를 잡았던 인천의 옛 이름이 매소홀현買召忽縣이었다. 태종 13년에 지금의 이름으로 바뀌었고, 1949년에 인천시로 개편되었다. 계양산, 철마산, 장고개 등이 있는 인천의 진산은 소래산蘇萊山이다. 『여지도서』에도 소래산은 '관아의 동쪽 20리에 있는 진산鎭山이다. 과천의 수리산 서쪽 기슭에서 갈라져 나온 산줄기가 30리에 이르러 소래산을 이룬다'고 기록되어 있다. 또한 『여지도서』에는 당시 인천도호부의 풍속에 대해 다음과 같이 기록하고 있다.

> 고기잡이와 소금을 구워서 이익을 취하고, 농업과 양잠에 힘쓰지 않으므로 가난한 사람이 많고 부유한 사람은 적다. 또 토지가 메말라서 자주 흉년이 들고 가난한 사람이 많아, 저속하고 인색한 풍속이다.

소래습지생태공원에 이른다. 인천시 남동구 논현동에 있는 이 생태공원의 총넓이는 약 350만㎡에 이르며, 이 중 폐염전을 중심으로 66만㎡가 1999년 6월 개장되었다. 염전 창고를 개조해 만든 생태전시관에는 벌노랑이와 해당화 등 염생식물의 사진과 소금작업 광경, 수인선 협궤열차의 모습 등 옛 소래포구의 사진 등이 전시되어 있다. 소래포구에서 갓 잡아 온 생선 한 접시로 회를 떠 놓고 소주 한잔 들이켜는 맛, 소래포구의 추억을 안고 남동체육관 입구로 향한다.

남동체육관에서 시작된 서해랑길은 장수천을 따라 걷는 코스다. 오봉산으로 이어지는 서해랑길, 오봉산은 106.1m로 그리 높지 않지만 말 그대로 다섯 개의 봉우리로 연결되어 있어서 쉽지 않은 코스다. 오봉산 제1봉을 오르고 곧 제2봉이다. 4봉을 오르고 서해랑길은 등배산 방향으로 향한다. 등배산(80.9m)을 내려와 육교를 건넌다. 논현포대 근린공원을 돌아 남동공단을 거닐고, 상공회의소를 지나서 남구 주안동에서 발원하여 논현동에서 바다로 들어가는 승기천을 건너면 수변길이다. 수변길에서 벗어난 뒤 원안재 돌담길을 따라 걸어서 승기 어린이 쉼터에 이른다. 승기천 공원을 지나 아파트 단지를 벗어나면 옛 이름이 도재 또는 도장이었던 선학역으로 가는 대로를 만나고 선학역에 도착한다.

소래포구

선학역 3번 출구를 지나 음식점 거리를 지나면 문학산 입구다. 문학산文鶴山은 인천의 고대 왕국이었던 미추홀의 진산으로 해발 217m의 그리 높지 않은 산이다. 『세종실록지리지』와 『신증동국여지승람』에는 남산南山이라 기록되어 있다. 『대동지지』와 『대동여지도』, 『조선지지』 자료에 문학산이라는 지명이 보이며 산 정상부에는 봉수가 설치되어 있었다.

문학산 초입은 거의 평지에 가까운 숲길이다. 전망대를 지나 문학산 정상에 오른다. 비류沸流의 도읍터로 알려져 있는 문학산의 정상은 평평하고 돌로 쌓은 성터가 있다. 이곳에는 성산봉수대지城山烽燧臺地가 있는데, 마치 사람이 배꼽을 내놓고 누워 있는 모양과 같다 하여 배꼽산이라고도 부른다. 문학동에서 청학동으로 넘어가는 고개를 사모지고개라고 하는데, 『여지도서』에 '삼해주현三亥酒峴'이라고 적혀 있는 이 고개에는 다음과 같은 전설이 서려 있다.

고개 위에 큰 바위가 하나 있고 바위에는 마치 물동이와 같이 생긴 구멍이 뚫려 있는데, 옛날에 그 구멍에는 삼해주三亥酒라는 술이 가득 차 있어 그 고개를 넘는 사람들이 갈증을 풀었다고 한다. 이 술은 한 잔만 마셔도 갈증이 풀렸으므로 더 이상 마시지 않기로 되어 있었는데 어떤 사람이 한 잔 더 마신 뒤로 그만 술이 말라 버려 나오지 않게 되었다고 한다. 그 뒤로 이곳을 삼해주현이라고 불렀다고 하는데 또 다른 이야기도 남아 있다.

옛날 중국으로 가는 사신들이 이 고개를 넘어 서해안의 능허대凌虛臺에서 배를 타고 떠났는데, 사신을 배웅하는 가족과 친지들이 이 고개까지 따라와서 멀어져 가는 사신을 크게 세 번 불렀다고 해서 삼호현三呼峴이라고 불렀다고도 한다. 또 사모재는, 이 고개만 넘어서면 울창한 숲이 나타나서 사신이 보이지 않기 때문에 가족들이 못내 그리워 사모한 고개라 해서 붙여진 이름이라고 한다. 능허대는 청량산 여록餘麓이 바다로 들어가는 주변에 있는 대臺로 100여 척의 높이로 삐쭉삐쭉 솟아 있는데, 그 위에는 30명 안팎이 앉을 수 있고, 큰 바다를 볼 수가 있었다고 한다.

이러한 여러 가지 기록으로 보아 인천에서 중국으로 가던 사람들이 많았음을 알 수 있으며, 그 당시 인천도호부에 있던 대진大津에서도 여러 가지 정치적 이유로 수많은 사람이 중국으로 떠났던 사실이 『여지도서』에 다음과 같이 실려 있다.

> 관아에서 서쪽으로 10리 다소면多所面에 있다. 고구려, 백제, 신라 삼국이 정립했을 때 백제에서 중국에 가는 길을 고구려가 막았기 때문에 중국으로 가는 사신이 이곳에서 배를 띄워 산동반도의 등주登州, 내주萊州에 도착했다고 한다.

문학산을 내려오자 잘 만들어진 능허대공원이 있고, 갯벌호수공원을 지나자 남양그린공원을 거쳐 숭의역을 지난 서해랑길은 인천차이나타운과 자유공원에 이른다.

인천 중구 송학동에 있는 자유공원은 설립 당시 만국공원萬國公園이었다. 그러나 맥아더 장군의 동상을 세울 무렵인 1957년 10월 3일 자유공원으로 이름이 바뀌었다. 서울탑골공원(파고다공원)보다 9년 앞서 세워진 자유공원에는 맥아더 장군의 동상을 비롯해 인천상륙작전, 인천 학도를 기리는 기념비 등 역사 유적이 자리 잡고 있어서 시민들의 쉼터가 되고 있다.

자유공원에서 내려와 홍예문을 지난 여정은 인천 도심을 지난다. 신포 국제시장과 탑동성당을 지나 헌책서점이 밀집한 거리를 지난다. 서해랑길은 주안 구가단지와 주안국가산업단지를 지난다. 가좌동을 지나고 가좌이음숲을 지나 장고개로 이어지는 산길을 걷다 보니 함봉산 정상이다. 산을 내려와 다시 원적산으로 오르는 산길에 접어든다.

1 자유공원 맥아더 장군 동상 2 홍예문

원적산(65m)은 인천광역시의 부평구와 서구의 경계 지점에 위치한 산으로 산줄기가 북쪽으로 천마산天馬山, 계양산桂陽山으로 이어진다. 『신증동국여지승람』과 『부평부읍지』에 '부평부의 서쪽 15리 되는 곳에 있다'고 되어 있는 이 산은 『여지도서』에서도 지명이 확인되는 산이다. 이 산의 서쪽으로는 서구 가좌동이 있고 동쪽으로는 부평구 산곡동이 있다. 원적산 정상 팔각정에서 잠시 쉬고 하산하자 대우하나아파트다.

천마산은 계양구와 서구의 경계 지점에 위치한 산으로 철마산鐵馬山으로도 불린다. 산의 서쪽으로는 서구 연희동, 가정동, 석남동이 있고, 동쪽으로는 계양구 효성동이 있다. 『조선지지』 자료에 '천마산天馬山'이라는 지명이 확인된다. 산 중턱에 마제석馬蹄石이라 부르는 말 발자국 모양을 가진 큰 바위가 있다. 이곳은 아기 장사의 탄생과 용마龍馬, 천마天馬의 승천 전설이 있어 천마산이라는 지명이 나왔다고 한다. 다행히 서해랑길 표시가 잘 되어 있어서 길을 잃지 않고 육각정이 있는 산은 오르고 내리고 하다 보니 천마산(287m) 정상이다. 저 멀리 보이는 산은 계양산이다. 천마산을 내려오니 길마재다. 천마산과 중구봉 사이가 말의 안장과 같다고 해서 길마재라고 지은 쉼터에서 중구봉으로 가는 산길을 오른다. 해발 276m인 중구봉에 올랐다가 내려와 장명이고개 생태통로를 지나고, 계양산성 산림욕장을 지나 계양산을 오른다. 계양산은 계수나무와 회양목이 자생하여 지은 이름이라고 한다.

인천시 서구 공촌동에서 북구 계산동으로 넘어가는 계양산 서쪽의 고개를 장명이고개(경명현, 景明峴)라고 부른다. 이 고개는 길이가 약 8㎞쯤 되는 인천 지방에서 가장 길고 높은 고개다. 조선 시대의 큰 도둑 임꺽정이 산채를 열었다고 전해 오는 계양산 자락에 자리 잡은 이 고개의 도둑들은 사납고 무섭기로 소문이 나 있었다. 그래서 이 고개를 흔히 천명千名고개라고 불렀다. 이 고개를 넘어갈 길손이 천 명은 되어야 도둑들에게 피해를 입지 않고 넘을 수 있었기 때문이다.

옛날에는 도둑이 고개마루에 서서 백성들을 기다렸는데, 현대식 도둑들은 의사당에도 있고, 관공서에도 있어서 인터넷을 비롯한 신기한 도구로 사람들을 등쳐 먹고 있다. 옛날 도둑의 대명사였던 홍길동이나 임꺽정, 그리고 일지매가 이런 사실을 목격한다면 얼마나 억울해할까?

이 고개 정상에는 고종 20년(1883)에 축조된 중심성지衆心城址가 있다. 조정에서는 연해의 관문인 이 산에 성을 축조하여 인천과 부평의 방비를 더욱 튼튼히 하려고 했다. 이 성은 여러 사람의 마음이 모아져 축조되었다고 해서 중심성이라 이름 지었다고 한다. 현재 중심성은 완전히 없어지고 초석만 남아 있는데, 중심성 사적비에 의하면 부평부사 박희방朴熙房이 조정의 명령으로 주민들을 동원하여 성을 축조했다고 실려 있다.

한편 계양산은 높이가 395m로 강화도를 제외한 인천광역시에서 가장 높다. 『동국여지승람』에는 진산 또는 안남산이라고 기록되어 있으며, 진달래가 유난히 많이 핀다. 정상에 오르면 사방이 탁 트여 있어 서쪽으로는 영종도와 강화도 등 주변 섬들이 한눈에 들어오며, 동쪽으로는 김포공항을 비롯한 서울특별시 전경이, 북쪽으로는 고양시가, 남쪽으로는 인천광역시가 펼쳐진다.

이 계양산에 계양산성과 봉화대를 올리던 터가 남아 있고, 고려 시대의 문장가이자 정치가인 이규보가 거처하던 자오당 터와 초정지가 있다. 진산이라고 불렀던 이 계양산桂陽山을 이규보는 다음과 같이 썼다.

> 길이 사면으로 계양지경(계양산 근처)에 났는데, 오직 한 면만이 육지로 통하고 삼면은 모두 물이다. 처음에 내가 조정에서 쫓겨나서 이 고을에 원이 되었을 때, 물이 푸르고 넓은 것을 사방으로 돌아보매 섬 가운데에 들어왔는가 의심하여, 근심스러워 즐기지 않아서 문득

영종도로 가는 인천대교

머리를 숙이고 눈을 감고 보려고 하지 않았다.

서해랑길은 계양산 정상으로 이어지지 않고 피고개를 지나 검암산을 넘어 검암역에서 끝났는데, 인천 지하철 2호선과 공항철도 노선이 만나는 곳이 검암역이다.

검암역에서 북쪽으로 길을 재촉하여 사천교를 건너자 아라뱃길이 나온다. 2012년 5월 25일 개통된 아라뱃길은 서울 개화동에서 인천 오류동 서해안을 연결하는 길이 18㎞, 폭 80m, 수심 6.3m의 인공수로인데 원래 이름은 굴포천이었다.

판개라고도 불리는 굴포천掘浦川이 사람들에게 널리 알려진 것은 4대강 공사를 시작하면서부터였다. 굴포천은 인천시 철마산에서 발원하여, 북동쪽으로 흐른 뒤 부천시 복판을 지나 계속 북쪽으로 흘러 부평평야를 이룬다. 계양의 동북쪽을 거쳐 고촌면 전호리 평야를 지나 신곡리 경계에서 한강으로 들어가는 21㎞의 하천이다.

고려 때에도 이 하천에 운하를 만들려고 시도된 적이 있다. 고려 제23대인 고종 때 권세를 잡고 있던 무신 최이崔怡는 한강물을 끌어들여 운하를 만들려고 전호리에서부터 계양면 상하리까지 운하를 파다가 중지했다. 그 이름이 '김포 굴포' 작업이었는데 현재의 인천시 앞바다 들머리에서 남구 간석동에 있는 원통이고개까지 곧바로 뚫어서 현재의 강서구인 양천현으로 거슬러 올라가 한강으로 들어가기 위한 공사였다.

고려 때부터 조선 시대 후기까지 대규모의 물량 수송은 대부분 수운에 의지했다. 특히 삼남 지방에서 올라온 대동미大同米를 서울로 이동하기 위해서는 강화해협에 있는 손돌목이라는 바닷길을 꼭 거쳐야 했다. 당시 대동미는 서구 원창동 갯말 전조창轉糟倉에서 밀물 때를 맞춰 손돌목을 지나고 조강포를 거친 뒤 한강을 거슬러 올라가 용산의 경창京倉에 도착했다. 손돌목은 수로의 바닥에 사슴뿔 모양의 암초가 수없이 깔려 있고 여울이 험난하여 능수능란한 사공이 아니면 건널 수 없는 곳이었다. 그뿐만이 아니라 밀물과 썰물이 교차하는 시간이 5시간 남짓밖에 되지 않았고, 수위가 가장 높은 사리 때라야 수심이 5.5m에 머물렀다.

굴포라는 명칭은 자연 하천이 아니라 글자 그대로 하천이 없는 곳을 인공적으로 파서 하천으로 만들었음을 말하는 것으로 그때부터 이 천의 이름이 굴포천이 된 것이다.

고려 고종 때 시도하다 중지된 운하 공사는 조선 중종 때 김안로金安老에 의해서 다시 착공되어 중간지점으로 40리에 달하는 원통이고개까지 이르렀으나 현재 부평에서 백운으로 넘어가는 호명사가 있는 원통이고개를 뚫지 못해 다시 중단되고 말았다. 그 당시 기술력이 부족해서 그랬는지 아니면 풍수사상 때문에 중단되었는지는 알 수 없다. 인천과 한강 양쪽에서 땅을 파 들어가다가 중단된 이유를 풍수가들은 풍수지리상 좋지 않았기 때문에 멈췄을 것이라고 말하지만 그것보다는 무신정권이 몰락하기도 했고, 무엇보다도 공사가 너무 힘들었기 때문에 중지했을 것으로 추정하고 있다.

그 뒤 4대강 공사를 진행하면서 경인운하京仁運河, 즉 아라뱃길을 조성한다고 총사업비 2조 2,458억 원을 투입해서 국내 최초의 내륙 운하, 경인 아라뱃길을 완성했다. 그러나 사람들의 이용이 저조해서 이런저런 말들이 끊이지 않는 것이 아라뱃길이다.

수변무대와 야외수영장 등이 갖추어진 시천가람터 부근 아라뱃길에는 자전거를 타는 사람들, 걷는 사람들이 엉켜서 부산하다. 독정역을 지난 여정은 마전중학교를 지나 가현산에 이르고 가현산을 지나며 김포에 이른다.

# 강화해협을 건너 서해랑길의 끝 평화공원으로 가는 길

가현산(215m)은 인천시 서구와 김포시 양촌읍 경계에 있는 산이다. 『신증동국여지승람』에는 '현 서쪽 15리 지점에 있다'는 기록이 있고, 『산경표』에는 '한남정맥에 속한 산'이라는 기록이 있는 이 산은 고려 시대에는 산의 형세가 코끼리 머리와 같이 생겼다 하여 '상두산'이라고 불리다가 칡이 번성한다 하여 갈현산이라고도 불렸다.

가현산 자락 김포의 고구려 때 이름은 금포현金浦縣이며, 신라 경덕왕 때 지금의 이름으로 바꿔서 장제군長堤郡의 속현으로 만들었다가 태종 13년에는 양천과 합하게 된다. 1895년 인천관찰부 통진군으로 강등되었던 김포는 통진부와 양천현을 편입하면서 김포군이 되었다.

『세종실록지리지』에 '땅이 기름지고 메마른 것이 반반 되며, 기후는 바다가 가까워서 일찍 따뜻해진다. 간전이 3,032결이요, 논과 밭이 반반이다'라고 적혀 있는 김포군의 당시 호수는 318호이고, 인구가 651명이요, 군경은 시위군이 2명, 선군이 59명이라고 기록되어 있다.

조선 전기 문신 양성지梁誠之가 그의 시에서 '지역이 고양과 닿았으니, 응당 술은 있으렸다. 강이 한수와 통했는데, 어찌 물고기 없으랴'라고 노래했던 김포시에는 문수산, 가현산, 계양산 등이 솟아 있고, 그 아랫자락으로 굴포천, 계양천 등이 흘러 한강으로 들어간다.

가현산 자락의 양촌읍은 양릉과 반이촌의 미음을 따서 지은 이름이다. 서해랑길은 학운산 자락을 지나고 수안산성에 이른다. 이 산성은 경기도 김포시 대곶면 수안산 정상에 위치한 테뫼식(산봉우리를 둘러쌓아 성을 축조한 것) 석축산성이다. 이 토성이 발견된 것은 1985년이었다. 한양대학교 박물관에 의해 처음 보고되었는데, 1682년에 수축한 문수산성보다 1천 년 이상 앞선 삼국시대에 서해안 방어를 위해 축조되기 시작한 것으로 추정하고 있다. 성벽의 전체 둘레는 685m이며 성 내부의 면적은 약 1,000㎡ 정도에 이른다. 승마산을 지난 여정은 대명포구에 이른다.

김포시 대곶면 대명리에 있는 대명포구는 강화해협 사이로 강화도와 마주 보는 곳에 있는 포구다. 김포시에서는 하나밖에 없는 포구라서 규모는 작으나 어시장과 어판장이 있어 꽃게와 대하를 비롯한 각종 싱싱한 생선들을 살 수 있고, 가까운 곳에 역사의 현장인 덕포진과 덕포진교육박물관, 그리고 천연 미네랄 라듐천인 약암온천 등이 있다.

경기도 김포시와 인천광역시 강화군 사이에 있는 남북 방향의 좁은 해협海峽을 두고 마치 강江과 같다 하여 염하鹽河라고 부르며 강화해협 또는 김포강화해협이라고도 한다. 이 해협은 폭이 좁은 곳이 200~300m쯤 되고 폭이 넓은 곳은 1㎞ 정도이며, 길이는 약 20㎞에 이른다.

이 해협의 김포시 월곶면 포내리와 강화읍 갑곶리에 강화대교가 처음 들어선 것은 1969년이었고, 1997년에 다시 강화대교가 들어섰으며, 세 번째로 김포와 강화를 잇는 초지진대교가 완공된 것은 2002년 8월이었다.

대명포구

인천광역시 강화군 길상면 초지리와 김포시 대곶면 약암리를 잇는 아치형 다리로 길이 1.2㎢에 왕복 4차선이며 섬과 내륙을 잇는 연륙교인 초지진대교를 건너며 바라본 강화해협의 물살이 화살같이 흘러간다. 저 멀리 길상면 덕성리와 경기도 김포시 대곶면 신안리 사이의 염하 가운데를 손돌목이라고 부른다. 손돌목은 염하의 수로 폭이 좁아지면서 물살이 험하고 소용돌이가 잦은 곳이라서 조선 시대에 삼남 지방의 세곡을 운반해 가던 조운선이 수시로 난파되었던 곳이다. 『강화부지』에는 이곳이 다음과 같이 실려 있다.

> 물 흐름이 빠르고 격렬해 아주 위험한 곳으로 이름이 높다. 삼남의 선박이 이곳으로 모인다. 한양으로 가려는 자는 모두 그렇다.

『해동지도』에도 손돌목이라는 지명이 실려 있는데, 손돌목에 관한 전설이 남아 있다.

1 손돌목 2 손돌 묘

고려 시대의 한 왕이 피난을 위해 손돌이라는 뱃사공에 의지하여 이곳을 지났다고 한다. 그런데 갑자기 물살이 위태롭게 움직이는 것을 보고 왕이 손돌을 의심하여 참수했는데, 손돌은 죽음에 직면하면서도 "바가지를 물에 띄우고 그것을 따라가면 안전하게 지나갈 수 있다"고 말했다고 한다. 손돌의 말대로 하여 안전하게 이곳 해협을 지난 왕은 자신의 잘못을 깨닫고 손돌의 묘를 만들고 사당을 지어 손돌의 넋을 위로하며 장사를 지냈는데, 그 뒤부터 배가 이곳을 지날 때는 반드시 제사를 지냈으며, 손돌이 죽은 10월 20일이 되면 해마다 센바람이 불고 춥기 때문에 이것을 손돌바람, 손돌풍 또는 순돌추위라고 불렀다.

현재 손돌의 무덤은 김포시 대곶면 신안리에 있다. 초지진대교를 건너며 역사와 시의 고장인 강화군 길상면에 이른다.

## 수많은 이야기가 남아 있는 강화도

5천 년 역사 속에서 수많은 역사와 이야기가 남아 있는 곳이 강화도이다.

그런 연유로 일제 식민지 시대를 살았던 역사학자 호암湖岩 문일평文一平이 『조선사화朝鮮史話』 '고적古蹟'편에서 강화를 '역사의 고장, 시의 고장, 재물의 고장'이라고 말했던 것이다.

삼별초의 난으로 강화도가 뻘겋게 피로 물들었고, 그 뒤 병자호란과 조선조 말기에 병인양요와 신미양요가 일어난다. 1866년 9월 프랑스의 선박 3채가 수비가 허술한 틈을 타 영종도를 지나 한강을 거슬러 올라가 서강의 언저리 양화진까지 올라갔고, 뒤를 이어 미국과 여러 나라가 '조선의 문호를 연다' 또는 '마실 물을 구한다'는 핑계로 몰려 수호조약을 체결했으며 결국 그 조약들은 조선이 일본에 국권을 빼앗기는 계기가 되었다. 이렇듯 우리나라의 역사 속에 항상 중심축을 형성했던 지역이 강화도였다.

길상산에서 이름을 따온 길상리 초지리에 조선 중기 해상으로 침입하는 적을 막기 위해 구축한 진지인 초지진이 있다. 초지진은 인조 22년인 1644년에 강화유수 홍중보가 창설하고, 현종 7년인 166년에 유수 서필원이 만화를 두어 지키게 했다. 영조 39년인 1763년에 유수 정실이 첨절제사를 두게 한 이 진지는 19세기 후반에 미국과 일본의 침략에 맞서 싸운 전적지로 1971년 사적으로 지정되었으며, 강화해협을 지키는 12개의 진보 중 하나로 강화도를 지켰던 1차 방어기지였다. 이 진지에서 고종 3년인 1866년에 천주교 탄압을 구실삼아 침입한 프랑스 함대와의 전투인 병인양요가 있었고, 고종 8년인 1871년에는 통상을 강요하며 침략한 미국 함대에 초지진과 덕진진이 함락하고 광성보에서 치열한 전투를 치렀던 현장이기도 하다.

서해랑길은 길상낚시터를 지나 전등사 남문에 닿았다. 강화도에서 가장 큰 절인 전등사는 『중창기문重創記文』에 의하면 길상면 온수리 정족산성 내에 있는 사찰로서, 고구려 소수림왕 2년(372)에 아도화상이 창건했다는 유서 깊은 절이다. 아도화상이 신라의 일선군(경북 선산)에 불교를 전파하기 전 이 절을 열었다는 것이 사실이라면 전등사는 그것만으로도 대단한 의미를 지닌 절일 것이다. 그 당시 절 이름은 전종사眞宗寺였다고 전해 오고 고려 중기까지의 절의 역사는 전해지지 않는다. 그 후 1226년에 중창되었고 충렬왕의 비인 정화공주貞和公主가 1282년에 승려였던 인기를 송나라에 보내어 『대장경』을 찍어오게 하여 전등사에 보관했으며 옥 등을 헌납하면서 전종사를 '진리의 등불은 사공사空 전등사傳燈寺'로 고쳐 부르게 되었다고 한다. 전등사에 관한 기록은 고려 원종 5년(1264) 5월 삼랑성과 궁궐에 불정도량과 오성도량을 4개월간 시설케 했다는 『고려사』 기록이 처음이다. 이를 두고 추정해 볼 때 이때까지 전등사라는 절 이름은 없었음을 알 수 있다. 한편 이곳에 가 궁궐이 있었고, 이 절이 왕실과 가까운 절이었음도 알 수 있다.

남문을 지나 조금 오르면 큰 은행나무가 보인다. 이 지역 사람들이 고집나무 또는 은행나무라고 부르는 이 은행나무는 몇백 년 동안 은행이 열리는 법이 없는데 이 은행나무가 그 이전부터 은행이 열리지 않았던 것은 아니었다.

초지진

전등사 은행나무

해마다 가지가 휘어지게 은행이 많이 열렸고 열매도 굵고 맛이 특출나 왕실 진상품이었다고 한다. 그러나 어느 해에 욕심 많은 강화 유수가 사리사욕을 채우기 위해 백성들의 것을 극심하게 수탈했고, 은행 또한 분량보다 많은 공출을 내게 했다. 정족산鼎足山 은행나무는 이 해부터 심술을 부려 열었던 은행을 하루아침에 다 떨군 뒤 썩게 만들었고 이후로는 두 번 다시 은행을 맺지 않았다고 한다.

또한 이 절에는 '운 나무' 또는 자명목이라고 부르는 느티나무 한 그루도 있다. 이 나라에 변고가 있을 때마다 울었다는 이 나무가 서럽게 울었던 때가 병인년인 1866년 10월 18일이었다.

강화남문전투에서 프랑스군에 패배한 중군 양헌수 부대는 이 정족산성에 포진하고 있으면서 이 나무의 울음소리로 프랑스군 산성 침공의 계시를 받았다. 19일 새벽 갑곶 기지에 있던 프랑스 해군 160여 명은 강화도에 마지막 남은 요새 정족산성을 공격하기 위해 행군을 시작했다. 그들은 초등학생들이 소풍에 나선 듯 한가롭게 포대마저 갑곶 기지에 둔 채 떠났는데, 그때의 전황을 종군했던 리넬 주교는 이렇게 기록했다.

> 우리 병사의 행렬은 지리멸렬했고 느린 데다가 너무 자주 쉬었다. 길은 워낙 험했고 길가의 인가는 텅텅 비어 있었다. 온수리를 지나니 오목한 산성 속에 솟은 절간의 당탑을 멀리 바라볼 수가 있었다. 산성은 자연석을 쌓은 것으로 절간까지 가는 길은 오로지 남문을 통한 외길이라 하여 그 길을 따라 비탈을 오르기 시작했다. 때는 이미 11시 반, 병사들은 공격전에 점심을 먹자고 요구했으나 장교는 이를 거절했다. 그는 그 성안의 절간을 점령한 후 부처님의 궁전에서 개선잔치를 겸해 점심을 먹자고 했다.

그러나 1천여 명이 포진하고 있던 양헌수 부대의 집중 사격에 의해 프랑스군은 32명의 사상자와 50여 명의 경상자를 냈고 제 발로 걸어 돌아간 병사는 70여 명에 불과했다. 19일에 패전한 프랑스군은 20일 오후 닻을 올리고 강화해협을 빠져나갔다. 그때의 전투를 기리기 위해 정족산성의 정문인 동문 오른쪽에는 양헌수 장군의 승전비가 서 있다.

안개 자욱한 길을 조금 오르자 대조루에 이른다. 이곳에 오르면 서해 바다의 조수가 한눈에 들어온다고 해서 이름조차 대조루인 이곳에는 고려 말 삼은 중의 한 사람이었던 목은 이색의 「누각에 올라」라는 시가 걸려 있다.

**누각에 올라**

나막신 신고서 산에 오르니 흥은 절로 맑고
전등사 노승은 나의 행차 인도하네
창밖의 먼 산은 하늘 끝에 벌였고,
누 밑에 부는 바람 물결치고 일어나네
세월 속의 역사는 오태사(悟太史)가 까마득한데
구름과 연기는 삼랑성에 아득하구나
정화공주의 원당을 뉘라서 고쳐 세우리
벽기에 쌓인 먼지 내 마음 상하게 하네

대웅전은 정면 3칸, 측면 3칸의 겹처마 팔작지붕 건물로 보물 제178호로 지정되어 있다. 막돌 허튼층 쌓기로 높은 기단을 만들고 그 위에 막돌로 초석을 놓았으며 다소 굵은 민흘림 원기둥을 안정감 있게 세우고 모서리 기둥 높이를 약간 추켜세워 처마 끝을 날아갈 듯싶게 들리도록 했다. 이 대웅전 네 귀퉁이 기둥 위에는 여인의 형상이라고 하는 벌거벗은 여인이 쭈그리고 앉아 처마를 떠받치고 있다. 바라보기가 무척 애처롭기도 하지만 해학이 넘쳐나는 이 나녀상에는 재미있는 설화가 남아 있다.

광해군 때 대웅전의 공사를 맡았던 도편수가 절 아랫마을에 사는 주모에게 돈과 집물을 맡겨 두었다. 공사가 끝날 무렵 주모는 돈과 집물을 가지고 행방을 감추었다. 이에 도편수는 울분을 참을 수가 없어 그 여자의 형상과 닮은 나체를 만들어 처마를 들고 있게 하여 매일 불경 소리를 듣고 개과천선하도록 하고, 모든 사람으로 하여금 악녀를 경고하는 본보기로 삼게 했다고 한다.

법당 안에는 고종 17년에 조성된 후불탱이 안치되어 있고 법당 내부는 화문과 배천문의 조각뿐만 아니라 연꽃단청이 아름답다. 강화도 정족산 사고를 지나 삼랑성으로 향한다.

마니산에서부터 이어져 온 산등성이가 길상면 온수리에서 세 봉우리를 형성했고 이 산의 생김새가 마치 세 발 달린 가마솥과 같다고 해서 정족산이라는 이름이 붙었다. 단군의 세 아들이 성을 쌓았다는 전설로 하여 삼랑산성三郎山城이라는 말도 있고 근거를 알 수 없는 어느 시대에 삼랑이라는 신하를 시켜 성을 쌓았다는 불확실한 이야기도 있지만 정족산에 있으므로 정족산성이라고 불린다.

둘레는 약 2㎞이고 높이는 2.5~5.3m이며 성곽의 축조는 거친 할석으로 되어 있다. 성내도 할석으로 채워 안팎을 겹으로 쌓아 보은의 삼년산성이나 경주의 명활산성과 같이 삼국 시대의 석성구조를 보이고 있다. 『고려사』에 의하면 고려 고종이 강화도로 천도한 다음 머물 궁궐을 지을 자리를 찾다가 삼랑산성과 그 아래의 신니동으로 정했다(고종 46년)는 기록이 있는 것으로 보아 고려 고종 이전에 성이 있었다는 것만은 확실한 듯하다.

정족산 정상에 올라서 강화의 산천을 굽어보고 정족산성의 북문을 통과한다. 온수교회를 지나 강화학생체육관을 거쳐 길정저수지에 이른다. 길상산의 이름을 따서 이름을 지은 길직리 뻴벌이라고 불리는 백운곡에 고려 시대의 천재 문장가인 백운거사 이규보 선생의 묘소에 이른다.

풍수지리를 모르는 문외한이라도 묘소를 천천히 돌아다니다 보면 편안하고 아늑한 것이 과연 명당이라고 불릴 만큼 좋은 자리이다. 이규보가 잠들어 있는 묘소에 들어서면 소나무 대여섯 그루가 수문장처럼 서 있고, 소박한 묘소 앞에는 석등과 망주석 두 개가 서 있다. 이규보의 묘소가 이곳에 있는 것은 대몽항쟁으로 인해 당시 고려의 수도가 강화도에 있을 때 이규보가 세상을 떠났기 때문이다.

고려 때의 문신인 이규보는 1168년 12월 16일 황려현에서 호부시랑을 지

1 전등사 대웅전 2 전등사 삼랑성

낸 윤수允綏의 아들로 태어났다. 이규보의 본관은 황려黃驪(지금의 여주)이고 초명은 인저仁低, 자는 춘경春卿, 호는 백운거사白雲居士이다. 만년에는 시, 거문고, 술을 좋아하여 삼혹호 선생三酷好 先生이라고 불렸다.

천재였지만 시험을 잘 보는 천재가 아니라서 늦은 나이에 벼슬에 올라 여러 벼슬을 거쳤다. 우여곡절을 겪은 이규보가 65세에 귀양에서 풀려나 1232년 4월에 보문학각사로 임명되었다.

그 무렵 몽고가 국경을 넘어 고려에 1차 침략을 감행했다. 이규보가 사명의 일을 도맡아 서書, 표表 등을 지었는데, 이규보의 문필에 감격한 몽고의 왕이 화의 약조를 맺고 병사들을 데리고 물러갔지만 몽고는 화친을 한 뒤에도 무리한 금품과 동남동녀까지 요구하는 등 고려를 끈질기게 괴롭혔다. 그들의 무리한 요구를 견디다 못한 최우가 단호한 결정을 내렸다. 강화도로 도읍을 옮기고 백성들을 섬과 산성으로 이주시킨 뒤 몽고군과 전면전을 치를 준비를 한 것이다.

하지만 고종은 그 계획에 반대하고 강화도로 옮기려 하지 않았다. 최우는 강화도로 떠나지 않는 사람은 엄벌을 내리겠다고 엄포를 놓은 뒤 억수같이 비가 내리는 6월 만조백관과 가족들을 데리고 강화도를 향해 떠났다. 그때 이규보는 집을 마련하지 못해 하음객사의 서랑에서 살았다. 고려 조정이 강화도로 옮겨 갔다는 소식을 들은 몽고는 다시금 대군을 보내 고려를 침략했다.

그때부터 고려는 몽고와 30년에 걸친 기나긴 싸움을 벌이게 되었다. 섬이라는 약점 때문에 강화도에 접근하지 못하는 몽고 병사들의 성난 발길이 전국에 미치지 않은 데가 없었다. 약탈과 방화가 끊임없이 이어졌고, 그때 경주 황룡사의 9층 목탑과 대구 구인사의 『대장경』을 비롯한 전국의 수많은 문화재가 화재로 소실되었다.

그러나 고려 조정과 집권 세력들의 힘으로는 몽고군을 몰아낼 가능성이 전혀 없었고 들리는 소문은 고려의 영토가 몽고군에게 무참히 짓밟히고 있다는 소식뿐이었다. 최우는 강화도와 육지 사이에 운하를 파서 왕래하려는 계획을 세우기도 했고, 울릉도가 안전하다는 소문을 듣고는 고려의 백성들을 그곳으로 이주시키려다가 풍랑을 만나 몰살시키는 어처구니없는 일을 당하기도 했다.

하지만 고려 왕실과 지배 계급들은 백성들의 고통과 절망은 아랑곳없이 연등회와 팔관회 같은 행사를 꼬박꼬박 치렀고, 그 호화스러움이 개경에서 벌이던 것에 못지않았다. 고려 왕실과 지배 계급의 잔치는 항상 음악과 춤을 곁들인 것이었는데, 그중에 한 예를 육당六堂 최남선崔南善은 『고사통故事通』에서 이렇게 기록했다.

고종 32년에 그때의 집권자 최우崔瑀가 고종에게 진상한 음식상은 여섯 개였고 상마다 귀한 음식이 담긴 그릇 일곱 개씩이 놓여 있었다. 최우는 음식의 풍성함과 사치스러움을 다하고는 스스로 자랑하기를 "다시 오늘과 같이 할 수 있을까" 했다 한다.

처용무나 가면 잡기 등으로 여흥을 돋우었고 그때마다 담 밖에는 잔치를 구경하려는 강화도 사람들이 몰려들었다고 한다.

몽고군의 침입으로 포로로 잡혀간 사람들만도 20만 명이 넘었고, 몽고군이 지나간 곳은 모두 불에 타서 재가 되었는데도 지배 세력이 그렇게 생활할 수 있었던 이유는 전국의 조세가 안전한 해상통로를 걸쳐 강화도로 들어왔기 때문이었다. 결국 강화도에 천도한 고려 조정의 최고 실력자인 최우는 민심의 수습과 전쟁의 승리를 불교의 힘에 의지하고자 1236년부터 16년간 대장경판 각사업을 시작한다.

최우가 『팔만대장경』을 만들기 시작한 것은 몽고군에게 방치된 백성들의 불만을 호국이라는 종교적 신앙심으로 전환시키고자 했던 것이고, 당시 최씨 정권에 저항했던 화엄종과 교종을 무력화시키려는 의도가 숨어 있었다. 그 당시 『대장경』은 고려 백성들의 정신적 지주였기 때문에 『대장경』 조성을 통하여 백성들에게 불교신앙에 의한 민족 문화라는 일체감과 동시에 대몽항쟁의식을 고취시킬 수 있었던 것이다.

이규보의 묘가 강화도에 있는 것은 고려 조정이 강화도에서 30여 년간 대몽투쟁을 했기 때문이다. 성격이 호탕했던 그는 시를 짓거나 글을 지을 때도 옛날 사람들의 틀을 본받지 않고 새롭고 독자적인 경지를 개척하여 일가를 이루었으니, 그 무렵의 유명한 글과 좋은 저작물은 모두 그의 손에서 나왔다. 이규보는 『능엄경』을 좋아하여 어느 때는 경을 등지고 앉아 외우기까지 했다고 하며 특히 어떤 사물이든지 그냥 지나치지 못하는 호기심을 가지고 있어 그것에 대한 시를 남겼다.

이규보는 살림살이에는 뜻을 두지 않았다. 어려서부터 술을 좋아한 그는 평생을 시와 술을 벗 삼아 지냈다. 어느 날인가는 온종일 술을 마시지 않았다고 하여 「일일불음一日不飮」이라는 시를 쓰기도 했는데 술은 이규보에게 시를 생산하는 마르지 않는 샘이었다.

> 세상 사람들이 평상시에는 용모나 언어가 사람 같으며, 갓 쓰고 띠를 띠고 옷차림한 것이 사람 같다. 그러나 하루아침에 벼슬에 올라 공사公事를 처리하게 되면 엎치락뒤치락하는 것이 한결같지 않아서, 눈을 거꾸로 하고 듣는 귀를 바꾸어서 현란함이 서로 덮어서 마침내 굴러 넘어진 뒤라야 그치게 된다. 이것은, 겉모습은 비록 의젓하나 속은 실로 미친 자이다.

이규보가 지은 「광변狂辨」이라는 글인데, 이 말은 그 시대도 그렇지만 지금의 시대에 더 어울리는 말이 아닐까?

이규보의 묘소를 지난 서해랑길은 곤룡 버스정류장을 지나 양도면 능내리의 가릉에 이른다. 고려 제24대 원종元宗의 비妃 순경태후順敬太后 김씨의 가릉은 인천시 강화군 양도면 능내리에 있으며 1992년 3월 10일 사적으로 지정되었다. 몽골의 침략에 대항하여 고려가 개경에서 강화도로 천도한 강도江都 시기(1232~1270년)에 조성된 왕릉 중 하나다. 양도면 길정리吉亭里에 있는 원덕

1 이규보 묘 2 강화 가릉(고려 24대 원종의 왕비 순경태후 묘)

왕후元德王后의 곤릉坤陵과 함께 남한에 남아 있는 단 2기의 고려 왕비의 능인데, 이 외에도 이 시기에 강화 석릉碩陵, 강화 홍릉洪陵 등의 왕릉이 조성되었다.

가릉은 고려 후기의 왕실 묘제를 따라 각종 석조물이 조성되었다. 그러나 세월의 흐름 속에 거의 파괴되었고, 1974년 보수작업을 거쳐 현재는 석수石獸와 문무인석文武人石 두 쌍과 함께 표석標石이 남아 있다.

가릉에서 양도면 하일리의 정제두 묘는 그리 멀지 않다. 강화나들길이기도 하고, 서해랑길이기도 한 강화군 양도면에는 조선 후기의 양명학자인 정제두의 묘가 있다. 강화읍에서 마니산으로 가는 도중 하우고개라고 불리는 하곡 중턱에 있는 이 묘는 2007년 2월 26일 인천광역시 기념물로 지정되었고 묘 앞에는 상석과 묘비, 장명등, 문인석 등이 배치되어 있다.

신대우가 비문을 짓고 서용보가 글씨를 쓴 묘비는 순조 3년인 1803년에 건립했으며 정제두 묘 앞에는 아버지 정상징鄭常徵과 어머니 한산 이씨의 합장묘가 있다. 정제두는 본관은 연일延日이고, 자는 사앙士仰, 호는 하곡霞谷인데, 그의 고향에서 호를 따왔다. 현종 9년인 1668년 별시문과에 급제한 그는 공조좌랑과 한성부윤, 대사헌을 거쳐 이조참판과 우찬성 등을 지냈다. 평생

학문에 전념하여 주자학을 공부하던 정제두는 이론에만 치우친 주자학에 반기를 들고 20대 때부터 지식과 행동의 통일을 주장하는 양명학陽明學에 심취心醉했다.

"선과 악을 논하지 않고서 고요할 때는 모두 이가 되고, 움직일 때는 모두 기가 된다고 한다면 기를 어찌 동動과 정靜으로써 한정할 것이며 움직일 때는 인욕人欲, 고요할 때는 천리天理라고 할 것인가"라고 말하며 이황의 이기이원론理氣二元論을 반박하고 양명학의 사상적 체계를 완성시켰다. 그 당시 학계學界에서 이단시異端視당하면서도 끝까지 이를 연구하고 발전시킨 조선 최초의 양명학자가 정제두였다.

정제두 묘를 지나 건평항에 이른다. 인천광역시 강화군 양도면 건평리는 건들이라고도 부르는데, 어항인 건평항은 강화나들길 제4코스인 '해가 지는 마을 길' 중 한 곳이다. 어촌의 생활 근거지가 되는 소규모 어항으로 지정된 건평항은 어항시설 관리가 철저한 곳으로 민물장어와 새우 그리고 숭어, 망둑어가 많이 잡힌다. 지금은 서울 근교 사람들의 나들이 터로 이름난 강화도가 이중환이 지은『택리지』에 다음과 같이 실려 있다.

강화부는 남북 길이가 100여 리이고 동서 길이는 50리다.

현재의 강화도는 남북의 길이가 약 28㎞, 동서의 길이는 약 16㎞이고, 면적은 405.2㎢이다. 북쪽으로 풍덕의 승천포와 강을 사이에 두고 마주했으며 강 언덕은 모두 석벽이다. 석벽 밑은 곧바로 진흙 수렁이어서 배를 댈 곳이 없었다. 오직 승천포 맞은편 한 곳에서만 배를 댈 만하다. 그러나 만조가 아니면 배를 댈 수가 없으므로 위험한 나루라고 일컬었다.

한편 김정호가 지은 지리책인『대동지지大東地志』'강화부'편 진도조에 의

하면 강화부에는 다섯 개의 큰 나루가 있었다고 한다. 갑곶진과 인화석진, 광성진과 정포진, 승천포가 그 나루인데, 지금의 송해면 당산리에 있던 승천포는 개성으로 통하는 나루였고, 인화석진에서는 교동도로 건너가는 나루가 있었다. 내가면 외포리 정포마을의 서북쪽 모퉁이에 있던 정포진에서는 석모도로 건너는 나루가 있었다. 석모도에 인접한 섬이 송가도였다. 그 석모도와 송가도가 하나의 섬으로 이어지게 된 것은 조선 숙종 때 간척사업으로 인해서였다.

강화부의 좌우에는 성곽을 쌓지 않고 좌우편 산기슭의 강가에 마치 성 위에 쌓은 작은 담처럼 돈대墩臺(조금 높직하게 만든 평지)를 쌓았다. 거기다 병기를 보관하고 군사를 두어 외적에 대비하게 했다.

강화는 군사의 갑옷만 벗어 쌓아도 건널 수 있을 만큼 좁다고 해서 붙여진 이름인 갑곶 양쪽을 지키면 섬 바깥은 강과 바다가 천연의 요새가 된다. 그런 연유로 고려 때 원나라 군사를 피해서 여기에다 10년 동안이나 도읍을 옮겨 고려 왕조의 명맥을 유지해 나갈 수 있었다. 조선 시대에 들어와서는 삼남의 조세를 실은 배가 모두 손돌목을 거쳐 서울에 올라오는 까닭에 바닷길의 요충지라 하여 유수관을 두어 지키게 했다. 또 동남쪽 건너편에 있는 영종도에도 방영防營을 설치하고 첨사僉使를 시켜 지키게 했다.

황정저수지와 계룡돈대를 지난 여정은 망월돈대에 이른다. 강화군 하점면 망월리에 있는 망월돈대는 1995년 3월 2일 인천광역시 문화재자료로 지정되었다. 이 돈대가 축조된 것은 숙종 5년이었다. 1679년에 병조판서였던 김석주金錫胄에게 강화도의 지형을 돌아보게 한 뒤에 축조했다. 그 당시 어영군 4,000명과 함경도와 강원도 그리고 황해도에서 뽑은 승병僧兵 8,000명을 동원해 49개의 돈대를 축조하던 그때 망월돈대도 축조했다.

망월돈대는 가로 38m, 세로 18m, 높이 2.5m로 40~120층의 돌을 직사각

형으로 쌓아 올렸으며, 성곽 위에는 흙벽돌로 낮게 쌓은 담장이 둘러 있었지만 현재는 흔적만 남아 있다. 돈대의 중간중간에는 사람이 드나드는 문과 총구멍이 있으며, 돈대와 함께 있는 장성長城은 고려 고종이 강화도로 도읍을 옮기면서 해안방어를 튼튼히 하기 위해 축조했다.

망월돈대를 지난 서해랑길은 창후항에 이른다. 교동대교가 놓이기 전에 교동도를 가기 위해서는 창후리선착장에서 배를 타야 했다. 강화도 창후리선착장에서 멀리 보이는 교동도, 그 교동도는 지금도 섬이다. 강화대교가 놓이지 않아 나룻배 타고 건너던 시절 강화도를 건너서 다시 창후리에서 배를 기다려 교동도로 갈 때는 그 길이 제법 먼 길이었을 것이다. 더구나 바람이라도 불면 흔들리는 뱃전에서 얼마나 가슴 졸였을까?

창후리를 지나 강화도 북쪽에 절이 있으므로 양사면이라 지은 양사면 교산리 송산삼거리를 지나 양사파출소에 이른다. 곧바로 자그마한 산인 성덕산을 오른다. 장군바위, 두꺼비바위, 선녀바위가 있는 성덕산을 올랐다가 하산한 뒤 별악봉(167.3m)을 오른다. 별악봉 정상에는 자그마한 정자가 서 있어서 한숨 돌리고 내려와 강화평화전망대에 이른다.

강화평화전망대는 강화도 최북단 양사면 제적봉에 있는 전망대로 해남 땅끝에서 시작된 서해랑길의 끝이다. 끝이라 쓰는 내 마음은 쓸쓸하면서도 행복하다. 이 길이 끝나는 곳에서 또 다른 길이 시작될 테니까.

이 전망대는 다른 지역에서는 볼 수 없는 북한의 독특한 문화 생태를 가까이에서 보고 비교할 수 있다. 그런 연유로 북한에서 내려온 실향민과 관광객이 많이 찾고 있다. 이 전망대에서 북한 황해북도 개풍군 대성면 삼달리까지의 거리는 2.3㎞이고, 해안가를 건너 예성강이 흐르고 있다. 멀리 보이는 개성공단과 임진강과 한강이 합류하는 지역을 경계로 김포 애기봉전망대와 파주 오두산 통일전망대를 비롯한 일산 신시가지까지 조망된다.

강화평화전망대

북녘과 남녘을 가르지도 않고 찬연하게 비추는 빛으로 빛나는 서해 바다를 가만히 바라보다가 바다를 더없이 사랑했던 보들레르를 떠올렸다. 그는 「인간과 바다」라는 시에서 바다와 사람의 관계를 다음과 같이 정의했다.

(…)
바다는 그대의 거울
그대는 그대의 영혼을
파도가 펼치는 무한의 되풀이에서 본다
그리고 그대의 정신 또한
바다 못지않게 통렬한 심연이거니.
(…)

이 세상을 살아가는 동안, 그 누구도 정지된 시간을 살지는 않는다. 하지만 마음의 평정을 누리는 시간은 손에 꼽을 만큼밖에 없다. 그래서 모든 사람이 그런 나날을 끊임없이 기다린다. 그렇게 기다리는 사람에게 바다는 다음과 같이 속삭인다.

잠시 참으면 바람이 평온해지고, 물결이 고요해진다.
忍片時平浪靜
한 발 물러서면 바다가 열리고 하늘이 맑아진다.
退一步海開天空

개성의 명산 송악산과 오관산이 한눈에 들어오는 강화평화전망대에서 언제 올지 모르는 통일의 그날을 염원하는 것은 바랄 수 없는 꿈일까?

하지만 나는 그날을 꿈꾼다. 김포와 파주를 지나고 북한과 협의하여 드넓은 평야가 있는 연백평야를 지난다. 우리나라 팔경 중 한 곳으로 이름 높은 몽금포해수욕장을 지나서 대동강의 하류인 진남포를 거쳐 북한의 큰 도시 신의주에 이른다. 나라 안에서 제일 긴 압록강의 철교를 지나 중국을 답사하고 베트남을 지나서 인도에 이른 뒤 실크로드의 종착점인 이탈리아까지 가는 그날을.

# 서해랑길 인문 기행

**초판 1쇄** | 2024년 7월 8일

**지은이** | 신정일

**발행인** | 유철상
**책임편집** | 김수현
**편집** | 김정민
**디자인** | 노세희, 주인지
**마케팅** | 조종삼, 김소희
**콘텐츠** | 강한나

**펴낸곳** | 상상출판
**출판등록** | 2009년 9월 22일(제305-2010-02호)
**주소** | 서울특별시 성동구 뚝섬로17가길 48, 성수에이원센터 1205호(성수동2가)
**전화** | 02-963-9891(편집), 070-7727-6853(마케팅)
**팩스** | 02-963-9892
**전자우편** | sangsang9892@gmail.com
**홈페이지** | www.esangsang.co.kr
**블로그** | blog.naver.com/sangsang_pub
**인쇄** | 다라니
**종이** | ㈜월드페이퍼

ISBN 979-11-6782-203-1 (03910)